「生きる力」を育む授業

いま、教育改革に問われるもの

武田 忠
Takeda Tadashi

新曜社

はじめに

新聞報道等によって広く知られているように、ＯＥＣＤによる高校一年生を対象とした国際学習到達度調査（ＰＩＳＡ）で、日本は「科学的リテラシー」では、平成十二年（二〇〇〇年）二位、平成十五年（二〇〇三年）二位から平成十八年（二〇〇六年）六位、「数学的リテラシー」では、平成十二年一位、平成十五年六位、平成十八年一〇位、読解力では、平成十二年八位から平成十五年一四位、平成十八年十五位と、低下の一途をたどっている（『朝日新聞』平成十九年十二月五日、十三版二面）。文部科学省はじめ教育関係者は、この事態を深刻に受け止め、とくに平成十五年の「読解力」の急落以降、学力向上のための対策に取り組んできているが、学力低下に一向に歯止めがかからない状況が続いているだけでなく、今後いっそうの学力低下が懸念されている。

ＰＩＳＡの結果は、日本の教育の現状を示すと同時に、改善すべき多くの課題をも提起している。こうした教育の低迷状況を打破していくために、なにが必要であろうか。学力向上の特効薬のようなものがそう簡単に見つかるはずはないとしても、どうしてもその突破口を見つけ出さなければならない。

この問題を考えていく上で見過ごすことができないのは、まずなによりも、子どもたちの「学習意欲」のあまりの低さという問題である。小学校五、六年生と中学校一年生から三年生までを対象とした平成十五年度の教育課程実施状況調査によれば、「勉強は大切だ」と回答している割合は、「そう思う」と「どちらかといえばそう思う」を併せると、いずれの学年も九十パーセント前後と高い。ところが、このように「勉強は大切だ」という思いを強く持っているにもかかわらず、「勉強が好きだ」という回答となると、「そう思う」が五年生十一・三％、六年生八・五％、中学となると一年生三・七％、二年生三・一％　、三年生四・一％と極端に低く、「どちらかというとそう思う」を併せても、各学年ともに二十％程度にすぎない。一方「勉強が好きだ」に対する否定的な回答は、「どちらかといえばそう思わない」、「そう思わない」を併せると、中学生では一年生七〇・四％、二年生七五・四％、三年生七三・四％という高い割合を示している（『読解力向上に関する指導資料』文部科学省、平成十七年十二月、五九〜六〇頁）。実に七割以上の子どもたちが、勉強に対する否定的な態度を示しているのである。

より具体的に学習意欲について見てみると、平成十八年のＰＩＳＡの調査（国立教育政策研究所編『生きるための知識と技能３―ＯＥＣＤ生徒の学習到達度調査』ぎょうせい）では、たとえば「科学的説明を求められること」について、興味や関心が「高い」か「中くらい」と答えた生徒の割合は二五％で、参加国中最下位（百四十頁）、「科学の本を読むのが好きだ」では、「そうだと思う」「まったくそうだと思う」と回答した生徒の割合は三六％で、これも最下位（一四二頁）、「科学に関するテレビ番組を見る」では、「頻繁に」「定期的に」と回答した生徒の割合はわずかに八％で、これも最下位である（一四七頁）。

また、理科の授業で、対話を重視した授業が行われているかどうかについてのアンケート調査では、「生徒は課題について話し合いをする」、「授業ではクラス全体でディベートしたり討論したりする」に対して「ある」と回答した割合はそれぞれ九%と四%に過ぎず、調査国中最下位であるだけでなく、とりわけて低い（一五九頁）。こうした事実は、日本の教育がいかに危機的な状況にあるかを明白に示しているのではないだろうか。

「科学的リテラシー」「数学的リテラシー」も「読解力」も、国際的な学力の順位は低下の一途をたどっているが、学ぶ意欲がなく、自主的に学ぶことも少ないところで、その向上が期待できるはずがない。どうしたら子どもたちがもっと学ぶことに意欲を持つようになるか、それこそが教育改革の最大の課題でなければならないのではないだろうか。

子どもたちが自主的に学びたいという思いに駆り立てられていないということは、学びたいこと、知りたいこと、わかりたいと思うことがないということである。それはまずなによりも、日常の授業そのものが子どもたちにとってそれだけ魅力のないものになっていて、子どもたちが日常の授業で深く学びたいと思うようなことに出会えていないからではないだろうか。

現行学習指導要領では、「生きる力」の育成を目指して、「自ら学び自ら考える」教育への転換が強調されている。しかし、子どもたちが、「自ら学び自ら考える」必要に迫られるためには、そのための学習の動機が不可欠である。その動機として、子どもたちの「なぜ」「どうして」という、内面からの疑問、「問い」が大切にされなければならないと考える。子どもたちは、ぜひ解き明かしたい「なぞ」を見つけ出し、その「なぞ解き」をしていくような学習が大好きであり、そうした授業に出会えることを心より願っているからである。

しかし、現行学習指導要領では、「自ら学び自ら考える」教育を強調しながら、不思議なことに、子どもたちの学習意欲の源泉ともいうべき内発的な「問い」の必要性、さらには「考える」ために不可欠な「問い」の必要性については、ほとんど検討が加えられていない。したがって、日常の授業を改革する視点として、教師たちにも「問い」の必要性が自覚されにくく、子どもたちが「問い」を通して考える機会が少ないことも、授業に魅力を感じることができない大きな要因になっている。この点については、次期学習指導要領に向けての改訂作業においても、ほとんど配慮されていない。

私は、子どもたちが日常の授業に魅力を感じていない主な要因の一つは、多くの授業が教科書の記述をなぞり、その内容を確認することが中心で、子どもたちがそこで新しい発見をしたり、感動したりすることができるような学習体験がきわめて乏しいことにあると考えている。

そうした授業が一般的となっているのは、一つには、学習の中心教材である教科書そのものが、きわめて一般的、表面的で、深く考える必要に迫られたり、新たな発見に出会えたりできるような魅力と密度のあるものになっていないからである。教科書が内容の乏しい平板なものであればあるほど、教師が子どもたちに深く考えさせるための課題を設定し、授業を魅力あるものに工夫していくのは大変骨の折れる作業となる。長い時間をかけた深い教材研究、それを踏まえた学習資料等の準備、授業の組織、展開のしかたの工夫などに、多大な労力を必要とする。しかも、子どもたちの追求が確かなものにたどり着くことができるように学習を援助するためには、教師は、それを支える高度な教授・学習の理論や授業の組織、対応の技術を備えていなければならない。

しかし、一時間一時間違う学習内容について、そうした工夫と努力を積み重ねて、子どもたちに考える学習場面を設定していくことは、現実にはあまりも負担が大きい。しかも、教師たちがまだまだ子どもたちが自ら考える授業に習熟していないこともあって、多くの授業は教えること中心になりやすい。

それを乗り越えて、子どもたちが「自ら学び自ら考える」ことができる教育を現実のものにしていくためには、それを可能とする教材、教具、学習資料等の教育条件の整備と、そのための援助が不可欠となる。しかし、改革を進めていくために、その条件整備と援助がこれまでどれほど提供されてきたであろうか。

平成十九年の中央教育審議会の総会で、教育課程部会は「審議のまとめ」の報告を行い、「学習指導要領の理念を実現するための具体的な手立てが必ずしも十分でなかった」として、現行学習指導要領による教育改革は失敗であったと総括した。だがなぜ失敗に終わったのか、そのどこに、どんな問題があり、これからの教育の立て直しには、どのような課題への取り組みが必要なのか。それを一般論として述べるのでなく、日常の授業に焦点を合わせ、教材、授業、子どもたちの学習の内面、学習の質といった具体的な視点から問題提起することこそが、必要なはずである。

子どもたちは、心から学びたいと思うもの、すばらしいものに出会えないからこそ、内に秘められているすばらしい力を発揮できないでいるにすぎない。その内なる学ぶ力が発揮されていくためには、子どもたちに、自然や文化、人間や社会について、具体的で、本質的な内容を提示し、自ら問い、考え、じっくりと課題に取り組む機会が豊富に提供されることが必要だと考える。

近年「エンパワーメント」という言葉が、人間の尊厳に根ざした新しい人間観、発達・成長観を表す考え方として世界的に注目され、医療や福祉、教育や人材開発、経営など広い領域で、その重要性が認識されるようになった。エンパワーメントの考え方には、それぞれの人が自己実現をしていく上で、外的な権威や価値観に自分を合わせていくのではなく、自分がぜひ実現したい価値、目標を持って、自己選択、自己決定し、その人らしい生き方を取り戻していくことの大切さと、そのことを通しての人間としての内面からの成長にこそ、人間性回復への確かな道すじがあるという熱いメッセージが込められていると考える。日本でも、このエンパワーメントを重視する考え方が各分野に徐々に浸透しつつあるが、一人ひとりの魂の成長にかかわる教育の世界こそ、この人間の尊厳に根ざした新たなパラダイムにより鋭敏であってほしいと願わざるをえない。

本書では、そうした思いを込めて、著者がこれまで取り組んできたいくつかの授業の試みを紹介することを通して、これから取り組むべき授業改革への具体的な問題提起を試みてみた。子どもたちは、かなり困難と思える課題についても、そこにぜひ解き明かしたい内面からの「問い」が生まれてくるとき、予想をはるかに超えて、自ら考え、自分が納得できるところまでそれぞれに追求し、思考を深めていく。子どもたちが、どんな質の学習を求め、そこでなにを発見し、どんなことに感動しているか、いかに深く学びたいと切実に求めているか、そしてまた、そうした学習がこれまでいかに欠如していたか、本書で紹介する授業の試みへの子どもたちの感想が、よくそれを物語っているのではないだろうか。

この本が、これからの教育改革のあり方を考える手掛かりとなり、多くの方々に日本の教育をどう変えていくべきかに関心を持っていただけるきっかけとなるならば幸いである。さらには、それぞれの地域、立場で、子どもたちが生き生きと学べるように、なんらかのかかわりを持っていただくことができるならば、著者にとってそれに勝る喜びはない。

平成二十年八月二十五日

武田　忠

目　次

装幀＝難波園子

序章　日本の教育を考えるための視点

1　「生きる力」の育成を目指す教育の現状と課題

小・中・高等学校等の教育課程編成における国の基準を示す学習指導要領は、ほぼ一〇年ごとに見直しが行われ、改訂が進められてきた。学習指導要領には、教育課程全般に関する総則、各教科・道徳・特別活動等の目標と内容に関する事項が示されており、教科書もこの基準にもとづいて作成されている。

現行の学習指導要領は、平成一〇年に公示され、平成十四年度から実施されている。この学習指導要領は、「各学校がゆとりの中で特色ある教育を展開し、児童に豊かな人間性や基礎・基本を身につけ、個性を生かし、自ら学び自ら考えるなどの『生きる力』を培うことを基本的なねらいとして」（『小学校指導要領解説　総則編』三頁、中学校もほぼ同文）実施されたものである。この「自ら学び自ら考えるなどの『生きる力』を培うことを基本的なねらい」とした教育は、これまでどのように進められてきたであろうか。

平成十九年十一月、中央教育審議会の総会において、教育課程部会は「審議のまとめ」(文部科学省HP、以下HP)の報告を行った。その中で、「学習指導要領の理念を実現するための具体的な手立てが必ずしも十分でなかった」として、今次の教育改革は失敗であったという総括を行っている。その「手立て」の不十分さについては、五点にわたる問題点をあげている(終章参照)。その第一にあげられているのは、現行学習指導要領の中心的な理念である「生きる力」について、「文部科学省と学校関係者や保護者、社会との間に十分な共通理解がなされなかった」(HP十七頁)という点である。改革の理念のそのものについてさえも「共通理解」が得られなかったということは、そのまま改革の理念を実現していくための方法、手段についても「共通理解」が得られなかったことに結び付く問題である。現行学習指導要領で目指した改革が失敗に終わらざるをえなかったのは、その当然の帰結というべきであろう。

この教育課程部会の教育改革が失敗に終わったという総括は、これを承けて平成二十年一月に出された中央教育審議会の「答申」(以下「二十年答申」)においても、ほとんどそのまま受け継がれている。「二十年答申」では、その失敗の主たる原因は文部科学省の改革の趣旨が必ずしも十分周知・徹底されなかったことにあるという少しニュアンスの異なった表現となっているが、改革そのものが失敗であったことを認めている点では、「審議のまとめ」と変わりはない。

現行学習指導要領による教育改革の失敗という事態は、当然ながらあってはならないことである。なぜそれを避けることができなかったのか、その原因の究明を厳密に行うことは、これからの教育改革を進めていく上でも、けっして欠かしてはならない重要な作業であるはずである。しかし、「審議のまとめ」および「二十年答申」での検討結果は、ともに失敗の真因を明らかにすることとは程遠い、きわめて不十分なものでしかない。そして、その検討の不徹底、不十分さが、そのまま、平成二十年三月に告示された次期学習指導要領にも反映され、失敗を繰り返さないための改訂の主旨がどこにあるのか、さらにはこれからの教育改革に向けて、どんな課題に取り組まなければならないとしているのかが、きわめて不明確なものになってしまっている。

次期小学校学習指導要領の基本的な考え方と、教育課程の編成の仕組みを示す「総則」の「教育課程編成の一般方針」（以下「一般方針」）では、「各学校において、児童に生きる力をはぐくむことを目指し、（中略）基礎的・基本的な知識及び技能を確実に習得させ、これらを活用して課題を解決するために必要な思考力、判断力、表現力その他の能力をはぐくむとともに、主体的に学習に取り組む態度を養い、個性を生かす教育の充実に努めなければならない。」（文部科学省『小学校学習指導要領』ＨＰ一頁）と述べている。

この文章の「生きる力をはぐくむ」「個性を生かす教育」以外の部分は、改訂学校教育法の「第四章　小学校　第三十条第二項」の条文ほとんどそのままである。しかも、その学校教育法は、教育改革の失敗を認めた「審議のまとめ」以前に改正されたものであり、失敗に対する反省を念頭に置いたものではないことは明らかである。いかに法令遵守が必要だとしても、これからの新たな教育課題にどのように取り組むかの基本方針を示すべき指導要領の改訂が、学校教育法の条文を繰り返すだけで、なんら新たな問題提起に値するものがないということは、いったいどういうことであろうか。

この「一般方針」では、現行学習指導要領（以下「現行指導要領」）の「総則」に掲げられてきた、「児童に生きる力をはぐくむことを目指し」という学校教育の理念はそのまま継承されている。しかし、その理念の実現を図っていくために強調されてきた「自ら学び自ら考える力の育成」という表現はなくなっている。そして、その部分に、「基礎的・基本的な知識及び技能を確実に習得させ」が入れられている。しかも、学校教育法の条文に従って、基礎的・基本的な内容の学習も、「定着を図り」から「習得させ」へと表現が変わり、これまでの子どもたち主体の学習から教師主導の教育を強調する表現が用いられている。

この「一般方針」の改訂は、現行の「生きる力」の育成という理念においては変更はないが、その理念を実現していく教育方法に、基本的な相違が生じているのではないかと考えざるをえない。現行では、「生きる力をはぐくむ」ことを目指して、「自ら学び自ら考える力の育成」を改革の基本原則としながら、「基礎的・基本的な内容」の定着を図るとしてきた。しかし、改訂では、「基礎的・基本的な知識及び技能を確実に習得」させた上で、それを活用して「課題を解決するために必要な思考力、判断力、表現力」等の能力を育むとともに、「主体的な学習に取り組む態度を養う」としている。

現行指導要領が、「自ら学び自ら考える」ことに中心を置いた統合的な教育方法を提起しているのに対して、改訂では、考える前に、まず基礎・基本の定着が必要だという、いわば二段階的ともいうべき教育方法が提起されている。後で検討するように、この提言の背景には、「審議のまとめ」の考え方が反映していると思われるが、なによりも重要なのは、この提言でどのように現行指導要領での改革の失敗を克服して、子どもたちの学習意欲を呼び起こし、「生きる力」の育成の教育を進めていくことができるのか、その展望が示されているかどうかということである。

改革の失敗は、とくに「生きる力」とはなにか、それがなぜ必要なのかという基本的な理念について、教育関係者の間で「共通理解」ができなかったためであるというのが、「審議のまとめ」の見解である。「二十年答申」も、同じ考え方に立っている。しかし、失敗を認めつつも、「二十年答申」では、「生きる力」について、「その内容のみならず、社会において子どもたちに必要となる力をまず明確にし、そこから教育の在り方を改善する」（「二十年答申」HP九頁）考え方を導き出すことができるとして、その先見性に高い評価を与えている。しかし、その理念としての重要性を認めつつも、失敗の反省から、「子どもたちの『生きる力』をはぐくむことの必要性や『生きる力』の内容を教育関係者や保護者、社会が自ら考え、理解の上共有することは、今回の学習指導要領改訂に際してまず行わなければならないことである。」（「二十年答申」HP二十二頁）として、改訂で「共通理解」に対してとくに配慮するよう求めている。

「二十年答申」が述べているように、「『生きる力』をはぐくむ必要性」だけでなく、「『生きる力』の内容」についても「共通理解」を目指して、「教育の在り方を改善する」具体的な提言を行うことは、指導要領の改訂に際して当然十分に検討されるべきことである。その際、「『生きる力』の内容」を構成する要素はなにかの検討を踏まえるなら、「生きる力」を育成するためになにが必要となるのか、そのための内容、教育方法まで踏み込んで、問題提起がなされるべきであろう。しかし、そうした教育の内容、方法にかかわる検討や問題提起は、「審議のまとめ」でも「二十年答申」でもなされてはいない。答申にないものは、結果として改訂にも反映されないことにつながる。しかも、「二十年答申」が今回の指導要領改訂に際して配慮すべきであるとした、「生きる力」の育成の「共通理解」の共有の在り方についてさえも、次期指導要領の改訂でなんら言及されていないというのはどういうことであろうか。

日本の学校教育は、明治以来、教科書を中心に教師が教え、子どもたちがそれを覚えるという教育のあり方にほとんどなんの疑念を持つこともなく、百年余にわたって続いてきた。その教育を、子どもたちが「自ら学び自ら考える」ところまで踏み込んで、教える教育からの転換を目指した現行指導要領の改革の試みは、これまでの指導要領にはない、きわめてラディカルな問題提起であった。しかし、これまで経験したことのない教育への転換を目指したものだけに、それはとうてい一朝一夕に達成できるようなことではない。だからこそ、その改革の実現に向けて、平成七年の中央教育審議会の答申以来、教育関係者は重大な決意をもって臨んできたのではなかっただろうか。

教師が「教える」教育は、戦後五十年の歴史の中でも、もう揺るぎないほどしっかりと根を下ろしてきた。しかし、その教育がもたらしてきた弊害がどれほど大きいか、それを考えないわけにはいかない。その弊害の最たるものは、「教科書」を教師が教え、それを子どもたちが忠実に学ぶという学習パターンが定着したことを通して、子どもたちはもとより教師も、ほとんど「考える」ことを止めてしまったことにあると考える。「考える」ことを止めたということは、物事を学ぶことにおいて、なにが真実かを、自分の頭で主体的に判断することを放棄したということである。この「考える」ことの放棄は、本来そこから生み出されてくるはずの、私たち日本人の知的、社会的、文化的な財産、さらには物質的な財産にも、どれほど大きな損失を与え続けてきたかには、計り知れないものがあるのではないだろうか。

教え、覚え込ませることに中心を置いてきたこれまでの教育は、「自ら学び自ら考える」ことを通して、自分の判断を形成していくべき貴重な学習の機会を子どもたちから奪い、教科書を中心に他人の判断に子どもたちを依存させる教育を続けてきた。子どもたちが自分を取り戻すことのできる教育を目指すとするなら、これまでの他人の知性に依存する学び方をやめ、なにが真実かを自分で判断できる学び方へと転換していく以外にはないはずである。現行指導要領の、「生きる力」を目指した「自ら学ぶ」力の育成は、まさにそこに改革の最大の主眼を置いた試みだったのではないだろうか。そこに目指されてきた教育の課題は、「主体的な学習」といった言葉に置き換えることができない、重い意味を持ち続けてきたのではないだろうか。

なにが真実かを判断することは、覚えることとは明らかに異なる思考過程を伴っている。物事の確かさや真実性を主体的に判断していくためには、その根拠から見つけ出していくことが必要である。そうした思考過程、学習過程なくして、借り物の知識だけで自分の判断、理解を創り出していくことはできないし、ましてや個性豊かな自己形成などとうてい期待できることではない。しかし、自分の判断ができるための「自ら考え自ら学ぶ力の育成」という改革の大命題が、改革の失敗を契機に著しく後退し、いま根底からぐらつき始めている。

「教える」教育から、「自ら学ぶ」教育を創出していくためには、教師主導の教える教育とは異なって、教師たちはこれまで経験したことのない、子どもたちの主体的な学び方を呼び起こし、彼らの多様な学習要求に応えていかなければならない。そのためには、教師には、これまでの教える教育とは比較にならない、高度な知性と専門的な能力が求められる。また、「自ら学ぶ」教育は、学ぶ子どもたちにとっても、教科書を中心に一定の知識を記憶する学習とは、その学び方において本質的に異なるものとならなければならない。まずなによりの相違は、「教える」教育ではほとんど不問に付されてきた、子どもたちの自発的な「問い」が、物事の確かさを追求していく学習の不可欠な前提となるということである。その意味で、平成八年「答申」が提起した、「自ら課題を見つけ」ることの持つ意味に、あらためて注目することが必要だと考える。

「なぜ」「どうして」という「問い」のないところでは、「考える」という営みは起こりえない。「問い」から、その解決に向けて主体的に学ぶ必要性が、子どもたちの内面から生まれてこないところでは、「自ら学ぶ」教育への転換は最初から成立しえない。「問い」があってこそ、その解決に向けて、あるべき答えを求めて考え、追求し、その答えの確かさや真実性を確かめるといった主体的な学習活動が起こる。その学習の過程を経て、子どもたちは初めて、覚える学習によってではけっして形成できない、「自ら課題を見つけ、自ら学び、自ら考え、主体的に判断し、行動し、よりよく問題を解決」（平成八年「答申」）していく、内面からの「生きる力」を育てていくことができるというべきではないだろうか。改訂指導要領では、「自ら学び自ら考える力の育成」が「総則」から削除されたことに象徴されるように、その内面から「生きる力」が育っていくための教育の視点が著しく希薄になってしまっているのではないだろうか。

平成十八年十二月教育基本法が改正され、それを承けて教育関連三法も改正された。また、平成十九年の教員免許法の改正で、全教員に一〇年ごとに免許更新の講習を受けさせ、審査の上で免許を更新するという制度が始まることになった。改正にともなう多大な労力や負担が予想されるが、それがこれからの教育に希望を与えるものになるかというなら、教育改革の課題がなにかが不明確であるかぎり、その光明はどこにも見出しえないというべきではないだろうか。

法律や制度を変えても、またかりにいかなる望ましい改革の提案、提言がなされたとしても、それだけでは、教育を変えることはできない。教育を変える力は、ひとえに、子どもたちと日々向き合っていく一人ひとりの教師が、いかにすぐれた教育の担い手になることができるかにかかっている。その一人ひとりの教師が変わるとすれば、それは外側から管理することによってではなく、教師自身が、自らの専門的な力量を高めていくことによってでしかない。

私はこれまで、教育委員会の依頼を受けて、現職教員の研修会に何度か参加させていただいた。そこでの問題提起の後で、これからの教師のあり方について、参加した教師たちにそれぞれの考えを書いていただいてきた。その中には、次のような課題をこれからの教師としての学び方、生き方として考え、自分を変えていく必要性を指摘している例が少なくない。一人ひとりの教師の学び方が変わること以外に、教育を変えていく道はない。そこにこそ、行政が積極的に果たすべき、最大の役割があるのではないだろうか。

今日の研修で、教科書の見方や活用のしかたの自分の甘さに気づかされた。まさに教科書「で」教えるのではなく、教科書「を」教えている自分に今更ながら気づかされた。

結局、教育を変えていくための教師自身の変革とは、そういうことに気づくことから始まるのだなと思った。教える内容を掘り下げて、吟味する教師の態度そのものが、教育改革なのだと思う。教師の意識が変わり、教材を見つめる目が変わり、授業の組み立てが変わることによって、子どもたちに「自ら学ぶ力」を身につけさせていく。そして、共に高まっていくことが大事なことだということを深く考えさせられている。

（仙台市小学校　男性）

2　教育改革に世論を反映させることの大切さ

現在、日本の教育は、「生きる力」の育成を目指すとしながらも、子どもたちの内面からの学ぶ力をどのように育成しようとしているのか、その方向性がはなはだ不明確なものになっている。私たち国民は、行政主導の改革に依存するだけでなく、どうしたら子どもたちが本当に求め、必要としているものに応える教育を創り出していくことができるか、子どもたちの未来に向けて、その可能性を厳しく追求していかなければならない。その意味で、いま行われつつある教育のなにが問題なのか、なぜ改革は進展しなかったのか、まずそれをしっかりと見つめ直すことから始めなければならないと考える。

そのためには、単に教育の現状の問題点を指摘するだけでなく、子どもたちは学校教育になにを求めているのか、なにを、どのように学ぶことができるとき、充実感や学ぶ喜びを感じ取っていくのか、そうした実践の確かな事実が、批判的な検討の根拠として明確なものになっていなければならないであろう。子どもたちが求めているもの、必要としているものがなにかが明確になっていてこそ、なにが欠落しているかも自ずと明らかになってくると考えるからである。

現在、学校教育の中で、子どもたちが人間として成長していく上で、どれだけ確かなものを学びえているであろうか。それはたえず社会からも問われ、学校教育の当事者も自己吟味、自己評価していかなければならない重い課題である。そうした学校教育の評価、改善の必要性がようやくにして自覚され始め、学校運営協議会などの組織作りを通して、まだ微々たるものではあるが、社会全体で教育に責任を負っていこうとする動きが出始めている。このことは、国民が直接教育のあり方に責任を負っていく上で、大事な一歩を踏み出したものとして評価したい。問題は、そうした組織が、これからどれだけ教育の本質的な問題に目を向けて、教師、学校、教育委員会等への働きかけを通して、子どもたちの「学ぶ力」、「生きる力」を確かなものに育てることに役割を果たすことができるか、その見識と力量が厳しく問われることになることはいうまでもない。

数年来、学力低下に対する世論が高まり、文部科学省もその世論を無視できず、いくつかの対応策を取らざるをえなかった。このことは、そこでの議論の内容には検討の余地が多々あったとしても、教育をお上任せにせず、世論の力を反映させていくことの大切さを示した貴重な経験となったと考える。とくにその議論が、学習指導要領を「最低基準」として位置付け、「学習指導要領の内容のみにとどまらず、理解をより深めるなどの発展的学習に取り組ませ、さらに力を伸ばしていく」（『学びのすすめ』文部科学省、平成十四年一月十七日）指導を積極的に奨励する新たな学習の可能性へと、文部科学省の姿勢を転換させることになったことは、大いに評価されてよいことだと考える。ただ、ほとんどの議論が、子どもたちが学んでいる日常の学習の質にまで深く踏み込んで、その改革の必要性への問題提起とまでなっていなかったのは残念なことである。

いま、学校教育がどんな問題を抱えているかを検討していく場合、そのなにを検討の課題とすべきかというなら、まずなによりも、教育の中核である授業の質をこそ取り上げるべきだと考える。授業の質にかかわる批判としては、これまでの日本の教育は、「過度の受験競争の影響もあり多くの知識を詰め込む授業になっている」(平成十年教育課程審議会「答申」)など、あまりにも知識の「詰め込み」に片寄りすぎて、子どもたちの考える力を育てることを軽視してきたことがしばしば指摘されてきた。

一口に知識の「詰め込み」という場合、そのなにが問題であろうか。学校教育を通して、さまざまな分野の知識を学んでいくことは、欠かすことのできない教育の課題であることは疑いない。問題は知識の多寡ではなく、知識の学び方にこそあるというべきであろう。一般に正しいとされていることをただ覚えるのではなく、確かな根拠に裏付けられた理解、知識こそが、大切にされなければならないはずである。物事を確かな根拠にもとづいて学んでいくことは、自分の理解、判断を作っていくために欠かすことのできない学習過程である。あえて繰り返すが、その確かさの根拠がなにかを追求していくためには、そのための「問い」が不可欠となる。

現行指導要領では、「自ら学び自ら考える力の育成」を強調しながら、そこでの学習の質、物事の確かさを追求する学び方とはなにかの検討は、ほとんどなされていない。したがって、「覚えること」中心の学習と「自ら学び自ら考える」学習の質の相違とはなにか、なぜ「自ら学び自ら考える」

ことが大切にされなければならないのかについての問題意識も希薄なものでしかない。この学習の質の相違の自覚は、「生きる力」の育成の根本にかかわる問題であるにもかかわらず、次期指導要領の改訂では、教師主導の基礎・基本の知識や技能の確実な習得が強調されることによって、いっそう不鮮明なものになってしまっているのではないだろうか。

改訂でも、「生きる力」の育成を、学校教育が目指すべき中心の理念として位置付けている。その「生きる力」は、外から与えられるものを学ぶだけでは、けっして育てることができない、内面からの学ぶ力だと考える。だからこそ、「自ら学び自ら考える」主体的な学び方の必要性が強調されてきたのではないだろうか。そうだとするなら、子どもたちの内面の力を奪うような皮相な知識を子どもたちに与え続けていくことは、けっして容認されることではないはずである。しかし、「生きる力」の育成のためになにが必要かの問題意識が希薄になっているいま、次期指導要領の改訂でも、「自ら学ぶ」ことの意義がなにかが見失われ、教師主導の教える教育への傾斜を強めつつあるのは、世界の教育改革に逆行する、時代錯誤ともいうべきではないだろうか。

こうした教育の現状を考え、教育改革を進めていくには、まずなによりも、私たちはもっともっと子どもたちの学びの内面へと、深く目を向けていかなければならないと考える。

第1章　子どもたちは授業になにを求めているか
――「わからなさ」「なぜ」を大切にする授業を

Ⅰ　教科書教材の「わからなさ」とは

1　説明文教材の問題点――「たんぽぽのちえ」を例に考える

子どもたちは、教科書を読んで、そこになにが書かれているかを確認するだけの授業にはけっして満足しない。書かれていることがどんな「こと」か、どんな「わけ」か、もっとその確かな事実やその事実の持つ意味はなにかを知りたいと願っている。しかし、教科書の記述からだけでは、子どもたちが納得できるような理解にたどり着けないことがあまりにも多い。子どもたちが教科書の内容を読んで、それがよくわからないものであれば、もっと学びたいという意欲や魅力を感じなくなるのは当然である。

それでは教科書には、どんな問題があるか、国語の説明文教材を例にとって、その典型的な「魅力のなさ」、「わからなさ」の事例を拾ってみると、次のような問題点が浮かび上がってくる。

説明文の魅力のなさ、わからなさ

・説明されている内容が、新しい発見をともなうような魅力、新鮮さに欠ける。
・説明の文章の中に、理解に結び付かない一般的、抽象的な表現が少なくない。
・理解に必要な事柄の説明に不十分さがある。
・説明されている内容全体について、一貫性や整合性がない。
・説明されている内容に、誤りや論理的な不整合がある。
・説明の中心的、本質的な問題について、問題の解明、解決が十分になされていない。

小学校二年生の国語の説明文教材に「たんぽぽのちえ」(『こくご』二上、光村図書、平成十六年検定済)がある。この教材文は、初出が昭和六十一年であるから、二十年以上にわたって採用され続けている長期教材である。内容も子どもたちに親しみやすく、一見考えさせることのできる課題性もあるように思えるところから、比較的評価の高い教材であるが、ていねいに検討してみると、少なからず問題のある教材であることがわかってくる。以下に文章に即して問題点を指摘してみることとしたいので、全文を紹介することとする(原文は分かち書きであるが、ここでは省略)。

たんぽぽのちえ

うえむら　としお

　春になると、たんぽぽの黄色いきれいな花がさきます。
　二、三日たつと、その花はしぼんで、だんだんくろっぽい色にかわっていきます。そうして、たんぽぽの花のじくは、ぐったりとじめんにたおれてしまいます。
　けれども、たんぽぽは、かれてしまったのではありません。花とじくとをしずかに休ませて、たねに、たくさんのえいようをおくっているのです。こうして、たんぽぽは、たねをどんどん太らせるのです。

　やがて、花はすっかりかれて、そのあとに、白いわた毛ができます。

　このわた毛の一つ一つは、ひろがると、ちょうどらっかさんのようになります。たんぽぽは、このわた毛についているたねを、ふわふわととばすのです。

　このころになると、それまでたおれていた花のじくが、またおき上がります。そうして、せのびをするように、ぐんぐんのびていきます。

　なぜ、こんなことをするのでしょうか。それは、せいを高くするほうが、わた毛に風がよくあたって、たねをとおくまでとばすことができるからです。

　よく晴れて、風のある日には、わた毛のらっかさんは、いっぱいにひらいて、とおくまでとんでいきます。

　でも、しめりけの多い日や、雨ふりの日には、わた毛のらっかさんは、すぼんでしまいます。それは、わた毛がしめっておもくなると、たねをとおくまでとばすことができないからです。

　このように、たんぽぽは、いろいろのちえをはたらかせています。そうして、新しいなかまをふやしていくのです。

文章に即して、問題点はなにかを検討してみよう。「　」は文章、◆は検討を要する点、●は検討を要する理由である。

「たんぽぽ」
◆たんぽぽは、たんぽぽの仲間の総称。挿し絵はせいようたんぽぽである。厳密には、「せいようたんぽぽのちえ」ではないか。
●子どもたちがよく見かけるのは、せいようたんぽぽであり、文章理解の上ではとくに支障はないが、授業者は、たんぽぽにもたくさんの種類があり、ここで取り上げているのはせいようたんぽぽであること、日本の在来種のたんぽぽではないことをおさえておく必要がある。

「その花はしぼんで」
◆花ではなく、花びらというべきではないか。
●後の文章にも「やがて花はすっかりかれて」とあるが、花は、植物にとって種を作るための器官であるから、花全体がかれていくような表現は適切でない。「その花びらはしぼんで」と表現すべきである。（表現の誤り）

「花とじくをしずかに休ませて」

◆種は花の中で作られるし、その種を作る栄養は、花のじくを通して花に送られているのであるから、花も花のじくもともに「休ませて」いることにならないのではないか。

●「たねをどんどん太らせる」働きをしているとするなら、花の中で、種作りの活動が盛んに行われていることになるのであるから、「休ませて」は適切ではない。「たねにえいようをおくりやすいように、花のじくをよこにして」といった表現にならなければならないのではないか。（花のじくが倒れる理由はまだよくわかっていないという。事実と説明の論理の不整合）

「やがて、花はすっかりかれて」

◆この文章では、種はどこで作られていることになるのだろうか。花がすっかり枯れてしまったら、種ができないことになるのではないか。

●種を作るのは花である。花が枯れてしまっては、種はできない。「やがて、花びらはすっかりかれて」とすべきである。（表現の誤り）

「それは、わた毛がしめっておもくなると、たねをとおくまでとばすことができないからです。」

◆「それは〜からです」の「それは」は、「らっかさんは、すぼんでしまいます」を受けて、その理由を述べる文章でなければならないはずであるが、前文に対応した理由を述べる文章になっていないのではないか。

●すぼんでしまう理由を述べる文章にするか、そうでなければ、「わた毛のらっかさんは、しめっておもくなり、すぼんでしまいます。そんなときは、たねをとおくまでとばすことができません。」といった表現になるのではないだろうか。湿り気の多い日や雨の日は、たんぽぽがあたかもわた毛を飛ばさないようにしているかのような表現は、あまりにも無理に「ちえ」に結び付けるための表現になっていないだろうか。（説明の一貫性、整合性の欠如）

「たんぽぽは、いろいろのちえをはたらかせて」

◆たんぽぽに特定できるような「ちえ」はあるのか。そのほとんどが他の植物とも共通している「ちえ」なのでないか。

●花の回りに背の高い草などが生えていると、背丈をできるだけ高くしようとする性質は、ノゲシ、キリンソウ、コウゾリナなど、わた毛をつけた種を風で飛ばす植物にもあるようであり、たんぽぽの特性とはいえない。またわた毛で種を飛ばす植物となると、その他にハルジオン、ヒメジオン、ノアザミ、フキノトウなどたくさんある。花のじくが倒れるのは、他にあまり例がないようであるが、種を太らせる「ちえ」とまで言い切れるかとなると、その科学的根拠に乏しい。ここでは、たんぽぽだけの特定の「ちえ」として理解することには無理があるので、他の植物とも共通する「ちえ」と考えるべきではないだろうか。

以上検討してみたように、種を作る花の仕組みや働き、種の作られ方、わた毛の働き等とかかわって、誤りや不適切と考えられる表現がいくつもあり、二年生の子どもたちにとって、言葉からどんな「こと」があり、それはどんな「わけ」なのかをよく理解していくことができるためには、きわめて難点の多い教材であるということができよう。

説明文の学習は、その文章の学習を通して、説明されている事実の確かさ、論理の確かさを学ぶと同時に、表現のための言葉の確かさを学ぶことにこそ、その学習の意味がある。その事柄と言葉との適切な対応がたどれないとするなら、その教材を学ぶ意味はどこにあるのだろうか。

この教材文で二年生での授業を考える場合、授業者がこれらの難点を踏まえて、発展的な授業として教材を修正、再構成して授業に取り組むには、相当に無理がある。むしろ全面的に書き直しが必要な教材というべきであろう。こうした問題の多い教材が、ほとんど修正されることもなく、二十年をこえて採用され続けているということは、いったいどういうことであろうか。

もし、「たんぽぽ」を素材にして新たな説明文を作るとすれば、せいようたんぽぽ（セイヨウタンポポ）とにほんたんぽぽ（ニホンタンポポ）とはどこが違うのか、それぞれどんな性質を持っているかといった、子どもたちがそれまでのたんぽぽの見方を変えなければならないような、新しい発見ができるものにしたい。たとえば、日本の在来種のかんさいたんぽぽ（カンサイタンポポ）やかんとうたんぽぽ（カントウタンポポ）は、花粉によって受粉しなければ種は育たない。しかも同じ株の花の花粉ではなく、他の株の花の花粉でなければ受精ができない。だから種を作ることができるためには、花粉を運んでくれる昆虫の仲立ちがどうしても必要になる。

しかし、せいようたんぽぽ（セイヨウタンポポ）は、他の花の花粉だけでなく、自分の花の花粉も使わないで種を作る、「単為生殖」という特別な性質を持っている。そのことを確かめるには、花が開く前に、おしべやめしべになる部分から蕾を切り取って、受粉、受精が起こらないようにし、それでも種ができるかどうかを観察すればいい。種はちゃんとできるのである。この「単為生殖」で、受粉を必要としないで、せいようたんぽぽはたった一つの種からでも子孫を増やしていくことができるのである。それではなぜ受粉、受精をやめて、「単為生殖」という種の作り方を選んできたのだろうか。そこには、そう簡単には解明できそうもない、たんぽぽの進化の歴史の謎が隠されている。

もう一つ、子どもたちに気づかせたいことは、たんぽぽに特有の性質ではないようであるが、たんぽぽの種類に共通する性質として、回りに背の高い草などが生えているときは、背の高い草がないときとは違って、わた毛を飛ばすときに邪魔にならないようにできるだけ花茎を高く伸ばそうとする性質を持っていることである。回りにわた毛を飛ばすときの障害となるものがあるかどうかがわかるには、たんぽぽにそれを感知するセンサーが備わっていなければならない。それは総苞《そうほう》の辺りにあると推定されているようであるが、それがどのような仕組みを持っているかはまだ解明されていないという。

また、アスファルトで舗装された道路のはしで、アスファルトを持ち上げてたんぽぽが伸びている姿を見かけることがあるが、たんぽぽのどこにそんな力が隠されているのか、それもまだ全く解明されていないという（以上の二点については、新潟大学教育学部、森田竜義氏の教示による）。また、たんぽぽは、地上の葉や花茎をすっかり刈り取ってしまっても、根から新しい芽を出してぐんぐん生長していく生命力の強さを持っている。そのことも、子どもたちにはぜひ伝え、また確かめさせてみたいことである。こうした生命活動の不思議さも含めて、たんぽぽがさまざまな環境に適応して、生育の場を広げていることを読み取ることのできる説明文作りを、専門家の力も借りて教科書出版社にぜひお願いしたい。

2　芭蕉はどこでなにを見ている？

六年生の「短歌と俳句」という解説文（『新しい国語六下』平成八年版、東京書籍）に、芭蕉の「名月や…」の句について、次のような文章が載せられている。文章の記述が一般的であるだけでなく、全く初歩的というべき誤りさえ含まれていることに注目してほしい。

名月や池をめぐりて夜もすがら　　松尾　芭蕉

明るい月の光を浴びて、一晩じゅう池のほとりを歩いてしまった。

高い空の上の月と、足もとの池、そしてその間にいる人間の動きが、この十七音の中にこめられている。句の中の「名月」は季語で、秋の美しい月を指す。晴れわたった夜、空にかがやく月と、池の周りをめぐる小さな人間の存在を対照的にとらえることによって、現代のわたしたちにもなにかを考えさせる。

まず、右の文章からすれば、この句を作った芭蕉は、いったいどこにいることになるだろうか。それを考えてみよう。

句の訳文らしい「一晩じゅう池のほとりを歩いてしまった」からすると、芭蕉は池のほとりを歩いていることになる。ところが、解説文には「空にかがやく月」と「池の周りをめぐる小さな人間の存在」を「対照的」にとらえているとある。

もし池をめぐる人間と月とを「対照的」にとらえているとするなら、芭蕉は池のほとりを歩いていることにはなりえない。芭蕉は、誰か他の人が池のほとりを歩いている姿と空の月とを、池から離れた場所にいて、それを見ているのでなければならないはずである。「池のほとりを歩いてしまった」という句の訳文のように、芭蕉が夜が明けるころまで池のほとりをめぐっていたとするなら、解説文のように、月と人とを対照的にとらえるという視点は不可能である。句の訳文と解説文とでは、明らかに矛盾している。また、こうした解説文から、「わたしたちにもなにかを考えさせる」というのも、いったいなにを考えさせようとしているのであろうか。はなはだ一般的で、問題提起としては明確さを欠いている。

こうした初歩的ともいえる誤りが、なぜ大勢の教科書編集委員の吟味の目を逃れて、このまま教科書に載せられてしまったのだろうか。そのことに、ただただ驚きを禁じえない。

これほど極端な例は少ないにしても、理解が困難であるような教科書の記述は、国語だけでなく、社会科や理科などにも少なからずある。そうした問題を抱えている教科書教材をもとに、どのようにして子どもたちが深く学び、確かな理解にたどり着くことができる授業を、さらには「自ら学ぶ」授業を、教師たちは創り出していくことができるであろうか。

Ⅱ　教科書をゴールではなくスタートにする授業

1　「わからなさ」から出発する発展的な授業の試み

教科書の教材文に、よくわからない部分や理解が困難であるような問題が少なくないとすれば、その教材文を中心とした授業で、子どもたちが満足できる学習ができるはずはない。そうだとすれば、どうすれば、子どもたちが深く学ぶことができる学習にすることができるだろうか。それには、子どもたちが理解できないこと、よくわからないことがなにかを明らかにして、それを掘り下げて、確かな理解にたどり着くことができるような授業、「わからなさ」を活かしていくような授業、それを教師が工夫するしかないであろう。

そうした学習は、平成十五年の学習指導要領改定で、いわゆる「はどめ規定」にかかわらず、「児童の興味・関心等に応じた指導、補充的な学習や発展的な学習などの学習活動を取り入れた指導」など、指導方法や指導体制の改善や充実が奨励されるようになったことを踏まえるならば、これからの授業の改善策として、積極的に取り組まれるべきものではないかと考える。

それでは、その発展学習を進めていくためにはなにが必要であろうか。それには、子どもたちがわからないことをそのままにせずに、そこからぜひわかりたいという学習意欲を呼び起こして、その課題解決に取り組ませていく授業の組織、展開が考えられる。ただそのためには、教科書中心の教える授業とは比較にならない、教師の深い教材研究が必要となることはいうまでもない。しかし、そうした発展的な学習が、教科書教材のすべてについて可能かとなると、先にあげた二つの教材のように、修正不能な教材も少なくないことにも留意しておきたい。

私は、これまで何度となく、子どもたちがすでに学習し終えていて、しかもよくわからない問題を多く残しているような教材文で、あらためてなにがわからないかを掘り起こし、それを子どもたち自身に解決させていく授業を試みてきた。そうした発展的な学習に、子どもたちがいかに深く集中して取り組むか、そして確かな理解にたどり着くことができたとき、いかに学ぶことに喜びを感じ、またそこからさらに深く学ぼうとする意欲を呼び起こしていくか、その例を紹介しておきたい。

2　免疫の仕組みの「なぞ」をさぐる

これまで何度か小学校で、子どもたちに、自分の体がどんな仕組みや働きを持っているかを考えさせる授業を試みてきた。その内容は、「私たちはなぜたえず呼吸しなければならないのか」、「食べ物の消化と吸収の仕組み」、「人はなぜ汗をかくのか」、「体を守る免疫の仕組み」、「赤ちゃんはどのように育って生まれてくるか」といった、かなり高度な内容である。ふつう小学校ではそこまで取り上げないような内容を、できるだけ写真や絵、さらにはモデル的な図や表、ときには映像資料などを使って、具体的に考えることができるように工夫し、勉強というよりはなぞ解きの楽しさを子どもたちに味わってほしいと願って授業を試みてきた。

小学校四年生の国語の教科書教材に、「体を守る仕組み」(『国語四下』光村図書、平成十三年検定済)という説明文がある。この教材文は、小学校だけでなく、中学校でも理科では取り上げていない免疫の仕組みについて、ごく一般的な説明をしている教材である。免疫の仕組みは、まさに日進月歩というべき、最先端の研究領域であるが、それをあえて教材として取り上げたことは大いに評価したい。ただ、説明があまりにも一般的すぎるため、この教材文から、子どもたちの想像をはるかに超える免疫の仕組みがどれだけ理解できるかとなると、多くの課題を残している教材だと考える。

小学校の四年生のための説明文として、免疫の仕組みの説明にどんな内容を取り上げるべきかは、なかなか難しい問題である。その内容が高度であるからといって、具体性を欠く抽象的、一般的なものになってしまうなら、子どもたちの理解からかけ離れたものになることは避けられない。かなり高度な内容に見えても、具体的な判断材料、考えるための根拠を提示していくなら、子どもたちは、予想をはるかに超えて、深く考え、確かなものをとらえていく。なにをどのように覚えたかでなく、深く考えながら学ぶ楽しさに学習の中心を置くことを目指すとするなら、生命の営みの不思議さ、すばらしさに深く触れることのできる教材の工夫は、もっと多様に試みられてもいいのではないだろうか。

その意味で、免疫の仕組みは、教材の提示のし方によって、子どもたちがいかにこの高度な内容にも意欲的に取り組み、体の不思議さに深く感動していくか、私が四年生と六年生で、それぞれ二時間ずつ試みた授業を紹介してみたい。授業は、「体を守る仕組み」について、四年生では担任との授業を終えた直後、六年生では四年生で学習しているが、記憶も薄れているので、あらためて教材文を読み直した上で、子どもたちの疑問を掘り起こし、その疑問にある程度答えることのできるような二次資料を作成し、それを手掛かりに授業を試みたものである。子どもたちがどんな疑問を提出したかにかかわるので、教材文の一部を紹介しておきたい。

体を守る仕組み

中村　桂子

（前文省略）

わたしたちの体は、だいたいセ氏三十六度から三十七度くらいの温度にたもたれています。また、体の中には、水分や栄養分があります。ですから、微生物にとって、とても住みごこちがよく、ふえやすい所です。病気の原因になる微生物がふえたら大変ですね。

でも、安心してください。わたしたちの体には、自分で自分を守るための仕組みがあるのです。（省略）

これら以上に大事なのは、のどのおくに生えているせん毛です。せん毛は、鼻や口から入ってきた微生物を、外へ外へとおし出す役目をしているからです。

このほかにも、私たちの体には、自分を守るための、たくさんの仕組みがあります。しかし、それにもかかわらず、微生物が、体の中に入りこんでくることがあります。

そんなときにそなえて、体のなかにも、微生物と戦うすばらしい仕組みができています。

入りこんだ微生物がふえて、毒を出し始めると、まず、血の中にある小さな白血球が、その付近に引き付けられていき、微生物を食べ始めます。食べつくせないときには、今度は大きな白血球が働きだします。大きな白血球は、やわらかい角のようなものを出して、微生物をつかまえます。

この白血球は、働きながら助けを求めるので、新しい白血球がどんどん作られます。同時に、高い熱が出ます。熱は微生物の働きを弱めます。高い熱が出たときは、体の中の戦いが、かなりきびしいときなのです。ですから、そういうときは、体を休めたり、薬を飲んだりして、白血球をおうえんしてやりましょう。(以下省略)

多くの授業は、この文章に書かれていることはなにか、そこからどんなことがわかるかを中心に、書かれていることを確認するだけに終わっている。記述の確認を超えて、そこに書かれていることが、どんなことやどんなわけかを、子どもたちの知識を活用して、子どもたち自身の理解を形成していく授業は、残念ながらほとんど行われていない。子どもたちの理解は、書かれていることの理解、言い換えるならまだ外側の理解に止まっていて、その先にこそ必要となる一人ひとりの内面的な「意味」の理解には届いていないのである。

こうした授業が行われているかぎり、この教材文にどんな問題点があるか、授業者にも自覚されにくい。それはなによりも、授業者自身が、そこに書かれていることの意味はなにかを確かめるための「問い」を持っていないからにほかならない。

文章の記述の確認を超えて、その意味を考えることの大切さを学んでいる子どもたちであれば、この文章を読んでわからないことやもっと知りたいことを言ってもらうと、たくさんの問題を提出する。とくに子どもたちがよく理解できないこととして指摘するのは、せん毛の働きと「小さな白血球」「大きな白血球」「新しい白血球」という三種類の白血球が、それぞれどのように違うのか、またそれぞれの白血球がどのように関係し合っているのか、である。また、白血球の働きとして、「この白血球は、働きながら助けを求めるので、新しい白血球がどんどん作られます。」と述べられているが、そこでなにが起こっているのか、「助けを求める」とはどういうことか、理解できないというのがほとんどの子どもたちの反応である。きわめて当然であろう。

この教材文をいくら掘り下げても、そうした子どもたちの疑問に答えることはできない。でも、なんとしても、子どもたちの疑問を解決させたい。子どもたちの疑問に直接答えるような教える授業は極力避けたい。どうすればいいかを考えた末、どうしても子どもたちだけではたどり着けない問題については、ある程度説明を加え、それを手掛かりに、なお考えて課題を解決することができるような説明文を新たに作り、それをもとに授業を進めてみることにした。説明をし過ぎないで、考えていくことを通して、子どもたちが自ら提出した疑問をどのように解決していくことができるか、そのための説明文をどう作るか。それは容易なことではないが、活用できる既製の資料もないところで、子どもたちに提示したのは次の文章である。

体を守る細胞とその役割

武田　忠

私たちの体は、病気のもとになる微生物がかんたんに入りこめないように、たくさんの体を守る仕組みを持っています。だからといって、ふだん健康に注意しなくても大丈夫、というわけにはいかないことはいうまでもありません。

いくら日ごろ注意していても、どうしても防ぎきれないのは、吸う空気や食べ物といっしょに、たくさんの微生物が体の中に入ってきてしまう場合です。その防ぎきれない微生物から守るためにも、私たちの体はいろいろのちえを働かせています。

吸う空気といっしょに入ってくる微生物から体を守っているのは、のどの細胞から出される粘液（ねんえき）と、のどのおくに生えているせん毛です。ねばねばした粘液は、微生物をその中にとじこめてしまいます。そしてせん毛は、その粘液にとじこめられた微生物が、もっと体の中に入りこまないように、のどの下から上へ上へと、たえず粘液を外へ押し出すように動き続けているのです。

食べ物といっしょに入ってくる微生物から体を守っているのは、胃から出される強い酸（塩酸）です。ほとんどの微生物は、強い酸がふくまれている胃液の中で死んでしまいます。それで、微生物が胃から腸の中にまで入りこむことができないように、私たちの体を守っているのです。

それでも、微生物が体の中に入ってきてしまうことを、どうしても防ぎきれない場合も起こってきます。そんなとき、私たちの体は、どんな方法で自分を守っているのでしょうか。

体の中に入ってきた微生物を、できるだけ早く見つけて倒してしまうためには、微生物が体のどこに入ってきてふえ始めているか、それが分からなければなりません。私たちの体と微生物の体から出る物質とは、大きなちがいがあります。微生物が入ってきてふえ始めると、微生物の体から出る物質が体の中に広がっていき、それがいま体のどこに異常が起こっているかを知らせることになります。その微生物から出る物質のちがいを敏感に感じとって、そこに最初に集まってくるのが、「小さな白血球」(好中球)たちなのです。

この「小さな白血球」一個は、微生物(細菌)を三十個ぐらいずつ食べて、つぎつぎに殺していきます。しかし、微生物のふえる力が大きいときは、何十万と集まったこの白血球でも、微生物を退治しきれない場合も起こってきます。そういう時は、もっと「大きな白血球」(マクロファージ)たちがたくさん集まってきて、ふえ続ける微生物をどんどん食べはじめるのです。

この「大きな白血球」(マクロファージ)は、微生物を食べる仕事をしながら、ほかの白血球にもっと強力に応援(おうえん)してもらうために、「助ける白血球」(ヘルパーT細胞)に、その微生物の情報を伝える役割もします。

しかし、「大きな白血球」から情報を受け取った「助ける白血球」(ヘルパーT細胞)は、自分で直接攻撃に参加して、微生物を倒す働きをするのではありません。いまふえ続けている、その微生物だけを専門に攻撃する「新しい白血球」(B細胞)に、すぐに仲間をふやして攻撃するように命令を出すのです。すると、この命令を受けた、その微生物だけを担当する「新しい白血球」が、どんどん仲間をふやして、攻撃を始めるのです。

しかし、その攻撃のし方は、微生物をつかまえて食べる方法ではありません。みなさんは、どんな方法で、この「新しい白血球」が、たくさんの敵を倒すことができると思いますか。

実は、この「新しい白血球」は、その微生物が私たちの体に害を与えることができなくなるような、特別な液体（抗体）を作って攻撃し、その液体で微生物をつつみこんでしまうのです。この液体（抗体）につつまれた微生物は、もう自分の力では攻撃することも、仲間をふやすこともできなくなってしまいます。そして、小さな白血球や大きな白血球にもかんたんにつかまえられて、食べられてしまい、ついには体の中からそのすがたを消してしまうのです。

こうした微生物との戦いは、毎日私たちの気づかない所で行われていて、私たちの体はきけんな微生物の攻撃から守られているのです。それだけでなく、何兆個ものたくさんの白血球がそれぞれの役割を果たしていて、微生物からだけでなく、私たちの体の内部から起こってくるさまざまな異常にたいしても、私たちを守ってくれているのです。

この自作の説明文をもとに、それぞれの白血球の働きを表したコンピュータ・グラフィックの拡大カラーコピー等も活用し、子どもたちの出した疑問を解決することに取り組んでみた。子どもたちは予想以上に興味を持って授業に取り組み、それぞれの感想も複雑な免疫の仕組みを受け止め、自分なりの新たな体に対する理解を作っていることが読み取れるものであった。

子どもたちは、そこに複雑な高度な関係があるとしても、少しずつからみあった糸がほぐれるように、そのつながりが見え始め、一つひとつの謎が解け、やがて全体の仕組みがわかってくるような課題への取り組み方に、学ぶ喜びと充実感を感じ取っていく。この授業を試みてみて、あらためて、子どもたちの知的探求の喜びに応えることのできる質の高い発展的な教材をどう準備し、授業を組織していくことができるかが、いうまでもないことであるが、授業者には厳しく問われていることを考えさせられた。
この授業の内容を詳しく紹介するにはかなりのスペースが必要となるので、ここでは子どもたちの感想だけを紹介させていただくこととする。

前まではあまり体のことは考えてみなかったけど、私がどんなことをしていても、体の細胞が働いているんだなあと思いました。私がものすごく驚いたのは、好中球は小さいことは知っていたけど、一ミリの千分の一にちかいほど小さいとは知りませんでした。いろいろの白血球があって、どれか一つかけただけでもこまるし、一つ一つがとても大切なやくわりをしていることがよく分かりました。
体は微生物にたいおうして、せん毛が働いたり、せきが出たりしているのは、微生物をおいはらうためだということをはじめて知りました。体を守る仕組みはすごいと思います。体けいなしに、ずっと働いているからです。これからはもっと体のことを考えてみようと思います。

（京都市小学校　四年生女子）

私は、白血球にはたくさんの種類があるんだなあと思いました。「小さな白血球」（好中球）「大きな白血球」（マクロファージ）「新しい白血球」（B細胞）、どの白血球も自分自身の仕事を見つけ、その役割をはたしていることがわかりました。
新しい白血球（B細胞）は、何億もの微生物の中の一種類だけを専門にして、たたかっていることが分かりました。何兆こもの白血球が、これから起こってくるさまざまないじょうにたいして、私たちの体を守ってくれていることが分かりました。

毎日、私たちの体で、たくさんのたいへんなことが行われているんだなあと思います。

（京都市小学校　四年生女子）

ぼくは今日関心を持ったことは、細胞どうしの会話みたいなことや、その細胞の体を守る働きのことです。インフルエンザなどから体を守る働きなど、ただ、せきをして熱を出したりするだけだと簡単に思っていましたが、体の中では、細胞どうしが協力しあって、ウイルスをやっつけていると知ってびっくりしました。

あと、そのウイルスをやっつける抗体がたりないと、T細胞がB細胞に知らせ、抗体を作らせるなど不思議で、自分の体の中で、何億、何兆というものが、体を守るために働いているなんて、またまたびっくりです。この授業をきっかけに、インターネットや図書館で、もっと体を守る仕組みを調べてみたいと思います。

（青森県小学校　六年生男子）

今日、体を守る免疫の仕組みを勉強して、すごく勉強になりました。それに今日は、新しい言葉を覚えました。それは、抗体という言葉です。私たちの体を守る大事な働きをしているものの一つに抗体があり、抗体はたんぱくしつで、体に害をあたえるどんな病原体にも対抗できるように、百億種類以上も作られていると聞いてすごくびっくりしました。それに抗体は、病原体にぴったりくっついて体に悪い働きができないようにしていて、その抗体を目印にして、好中球やマクロファージなどの食細胞が病原体を食べてしまいます。病原体が入ってきてもほとんどの場合病気にならないですんでいるのは、抗体と食細胞のおかげだということが分かりました。またこんな勉強がしたいです。

（青森県小学校　六年生女子）

「体を守る仕組み」について、教師用指導書には「本教材は、人間の体が自分を守るためにどんな精巧な仕組みを持っているかを、四年生にもよくわかるようにやさしく説明しています。」とある。しかしこうした子どもたちの感想からすると、教科書の「体を守る仕組み」は、そこでなにが起こっているかをほとんど理解することができない、一般的な記述に終わっていることが、あらためて明らかになってくる。そして、教科書編集者たちが、子どもたちに高度な内容をわかりやすく伝えるには、言葉だけを見ると一見わかりやすいように見える、きわめて一般的表現をすることが適切であるという考え方をしていることが明らかになってくる。

こうした一般的であいまいな記述が、いくつもの教科に共通して見受けられる。一人ひとりの教師が、そのすべてにこうした発展的な教材を準備し、子どもたちの学習要求に応えようとするのはとうていできることではないのは明白である。そうした労力が教材研究や教材開発に費やされるだけではなく、授業の改善にも向けられていくためにも、教科書がもっと子どもたちの深い追求に堪える質と内容を備えたものに改善されていくことこそが、急務というべきではないだろうか。

Ⅲ　「なぜ」が呼び起こす学ぶ意欲

1　「なぜ」を見つける授業の試み

川崎洋『詩の生まれるとき』（ＮＨＫブックス、ジュニア）に、「なぜ」という題の次のような川崎氏の詩が載せられている。

なぜ

なぜ　風は
新しい割りばしの様に　かおるのだろう
なぜ　鳥は
空を滑れるのだろう
なぜ　夏蜜柑は酸っぱいのだろう
なぜ　海は
色を変えるのだろう

なぜ　たった一人の人を愛するようになるのだろう
なぜ　涙は嬉しいときにもでるのだろう
なぜ　フリュートはあんなに遠くまでひびくのだろう
なぜ　人はけわしい顔をするのだろう
なぜ　ギターの弦は5本でなく7本でなく6本なのだろう
なぜ
なぜ
なぜ

そして　人は　なぜ
いつの頃からか
なぜ
を言わなくなるのだろう

（詩集『祝婚歌』より）

この詩を手掛かりにして、五年生や六年生の子どもたちに、「なぜ」を見つけ出す授業を何度か試みたことがある。

川崎さんは、たくさんの「なぜ」をあげているが、子どもたちに日ごろ「なぜ」と思うことがあるかどうかを尋ねてみると、子どもたちはほとんどないという。そこで、当たり前だと思っているようなことでも、どういうことかな、と少し考えてみると、不思議に思えたり、知りたくなってくるようなことがたくさんあるはずだと話して、その「なぜ」を見つけ出すヒントとして、次のようなことを最初に話した。

太陽は地球から一億五千万キロメートルも遠く離れたところにあるが、太陽が創り出す熱が地球に届いているので、人間だけでなく植物も他の動物も生きていくことができる。もし、太陽が熱を作らなくなるとすれば、地球上のすべての生命は生きていくことができなくなる。太陽はできてから五十億年ほどたっているといわれ、その間ずっと燃え続けているが、あと五十億年ぐらいも燃え続けるという。

実は、太陽のように燃えている星は、宇宙にはたくさんあって、夜に光って見える星が、みな太陽のように燃えている星であることがわかっている。私たちの地球がある銀河系といわれる宇宙（小宇宙）だけでも、二千億個もの燃えている星があるという。しかも、宇宙全体には、銀河系のような星の集まりである小宇宙が、数千億もあるというから、そうなると、宇宙には、二千億個の数千億倍もの太陽があることになる。

こんな話をして、どんな「なぜ」を思いつくかを尋ねてみる。「なぜ」を見つけることがここでの課題なので、その答えがわかるかどうかは考えずに、思いつくままに「なぜ」を出させてみると、最初戸惑っていた子どもたちからたくさんの「なぜ」が出てくるようになる。たとえば、次のような「なぜ」である。

・太陽は「なぜ」何十億年も燃え続けているのか
・太陽の中でなにが燃えているのか
・太陽はどうしてできたのか
・地球は太陽からものすごく遠いのに、「なぜ」熱が届くのか
・太陽には寿命があるのか
・宇宙には「なぜ」そんなにたくさんの太陽があるのか
・宇宙にはそんなにたくさんの太陽があるのが「なぜ」わかったのか
・宇宙はどうしてできたのか
・宇宙には地球のような星がたくさんあるのか
・宇宙には人間が住んでいるような星がたくさんあるのか

子どもたちが見つけ出した「なぜ」を解決していくのは簡単にできることではないけれど、いろいろなことに対する「なぜ」という問いに気づいていくなら、調べたい、知りたいという気持ちが起こってくるはずである。子どもたちは、「なぜ」という気持ちで物事に目を向けていくとき、そこから新しい発見に出会うことができる。「なぜ」を持たないと、みんな当たり前のように思えて、すばらしいものに出会ってさえも、そのすばらしさに気づけないことになる。「なぜ」は新しい発見ができるための「魔法の言葉」だといって、ぜひたくさんの「なぜ」に気づいてほしいと話し、さらに「なぜ」を考える授業を進めていった。

太陽や地球、宇宙についての「なぜ」は、「なぜ」に気づきやすいが、その答えを見つけ出していくのはかなり高度な内容にならざるをえない。子どもたちには、「なぜ」をたくさん見つけ出したことを評価した上で、今度はもっと身近な問題、たとえば自分の体や私たち人間について、どんな「なぜ」が見つけられるか探してみようと話した。

まず最初に、考えやすいように、人は「なぜ」いつも呼吸していなければならないのかを子どもたちに尋ねてみた。子どもたちは、体に酸素が必要だからという。それでは「なぜ」酸素が体に必要なのかと重ねて問いかけてみると、答えに窮してしまう。そこで、よくわかっているようなことでも、「なぜ」を一回だけでなく、二回か三回か重ねてみると、やっぱり「なぜ」が残るようなものもあるはずである。そういうことも含めて、「なぜ」を見つけてみようと話した。子どもたちからは、次のような「なぜ」が次々に出されてくる。

・夜になると「なぜ」眠くなるのか
・人は「なぜ」眠らなければならないのか
・暑いときに「なぜ」汗がでるのか
・走ったりすると「なぜ」心臓がドキドキするのか
・風邪を引くと「なぜ」咳が出るのか
・病気をすると「なぜ」熱が出るのか
・人の祖先はおサルさんというけど、「なぜ」サルの仲間から人間になったのか

・白人や黒人のように「なぜ」皮膚の色が違うのか
・「なぜ」子どもは親に似るのか
・世界には、「なぜ」たくさんの言葉があるのか
・同じ人間なのに、「なぜ」同じ言葉を話すようにならなかったのか
・世界には六十億を超える人がいるというが、「なぜ」人間はこんなに増えたのか
・「なぜ」人間は戦争をし続けてきたのか
・「なぜ」人が人を殺すようになるのか

まだ子どもたちの「なぜ」は尽きないのだが、一人が「なぜ」を思いつくと、それから連想する「なぜ」が次々に生まれてきて、ほとんど止まることがないように「なぜ」が続いていく。子どもたちに「なぜ」を意識するような働きかけをしていくと、これほどにたくさんの「なぜ」に気づくようになる。それは直接「なぜ」の解決に結び付かないとしても、学ぶ意欲につながっていく。日常の授業で「なぜ」を考える機会がほとんどないことは、子どもたちに貴重な学習の契機を失わせていることになるのではないだろうか。

京都市の小学校で、「なぜ」の詩から「なぜ」を見つけ出す授業を試みたときの、子どもたちの感想の一部を紹介しておきたい。

今日は「なぜ」について考えました。いつもの国語と全ぜんちがいました。私は日常生活で「なぜ」

ということばをたまにしか使わないけど、一日三つぐらい「なぜ」を見つけなさいと教えてもらいました。初めはなんのためにと思ったけど、「なぜ」を考えることはとても大切なことだと分かった。一つの「なぜ」を考えると、また新しい「なぜ」が出てきて、たくさんの「なぜ」を見つけることができました。これからは、「なぜ」を考えることで、一つのことでも、ちがった発見ができると思います。これからもどんどん「なぜ」を見つけていきたいと思います。「なぜ」を考えたり、見つけたりすることは、とても楽しいものなんだと分かりました。

（京都市小学校　六年女子）

ふだん当たり前の様に思っていることでも、「なぜ」と聞かれて、たくさんの疑問が出てきました。その疑問からその次の「なぜ」の疑問まで、次から次へと疑問が出てきます。それを考えると、元はどうなっているのか、それがどうしてできたのかなど、だんだんあらわれてきます。「なぜ」が出ると、すぐに調べたくなりました。

京都市に住んでいる僕たちは、不思議や疑問の多いところに住んでいるんだなあと思います。「なぜ」って、なんともない言葉だと思っていましたが、すごい調べたくなる「魔法の言葉」なんだと思いました。

（京都市小学校　六年男子）

ふだん当たり前だと思っていたことを、「なぜ」と聞かれると、答えが見つけられずに自分でもびっくりした。言われてみると、たしかに「どうしてなんだろう」と思うことがたくさんあって、楽しかった。私は、日本人ではじめて外国語を学んだ人は、どうやって学んだんだろうと疑問を持ちました。そういうことを考えて、調べていくことが、楽しいんだろうなあと思いました。

（京都市小学校　六年女子）

少し難しかったけど、とても楽しくおもしろかった。ぼくも「なぜ」を見つけることができた。「なぜ」という一つの言葉を追っていくと、数え切れないくらいの考えを持つということがわかった。「なぜ」を見つけることは難しいけど、やっぱりおもしろく楽しかった。とても勉強になった。これからも「なぜ」を見つけて行きたいなーと思う。本当に楽しかった。またやりたい。

（京都市小学校　六年男子）

2　「問い」「考える」授業を楽しむ子どもたち

子どもたちは、教科書を中心に、そこになにが書かれているか、そこからなにがわかるかといった、教科書の記述の確認に終始するような授業にけっして満足しない。そこに知りたいこと、確かめたいこと、わかりたいことがあり、その「問い」、「なぜ」や「なぞ」を解き明かしていくことのできるような授業に出会えることを、心から願っている。

小学校の一年生でも、文章を読んでそこになにが書かれているかを確認するだけでなく、もっと確かなものをわかりたいという気持ちを呼び起こし、子どもたちに「なぜ」、「どうして」を探し出すような授業を何度か繰り返していくと、たくさんの「なぜ」「どうして」に気づくようになっていく。そして、それまでほとんど授業に興味を示さなかった子どもたちも、積極的に参加するようになっていく。そうした授業の試みの一端を、京都市立明徳小学校の一年生での取り組みから紹介しておきたい（武田忠・鈴木博詞編著『読解力と表現力をのばす授業』日本標準、八二〜一〇二頁）。

「どうぶつの赤ちゃん」（『こくご一下』光村図書、平成十六年検定済）という一年生の説明文教材がある。この教材文は、ライオンとしまうまを例にして、動物の赤ちゃんが生まれたばかりのときはどんな様子をしているか、それからどのように大きくなっていくのかを、体の大きさ、お乳を飲んでいるのはどれぐらいの間か、どれぐらいたってから自分で獲物をとったり、えさを食べたりすることができるようになるかなど、対比的に述べている文章である。

この教材文は、昭和五十五年に登載された当初は、ライオンとしまうまのほかに、カンガルーを加えた三種類の動物の赤ちゃんについての説明文であった。その後、カンガルーの部分が削除されて、現在まで載録され続けている教材文である。

この教材で、私たちがこれまで取り組んできた授業研究の経過からすると、一年生の子どもたちがもっとも意欲的に学習に取り組むのは、削除された「カンガルー」の部分である。他の部分よりも、子どもたちの「なぜ」「どうして」を呼び起こす課題性に富んでいるからであろう。

現行教科書にはない「カンガルー」部分は、次のような説明がされている。

カンガルーの赤ちゃんは、生まれたときは、たいへん小さくて、うじ虫ぐらいです。目も耳もどこにあるのか、まだよくわかりません。はっきりわかるのは、口とまえ足だけです。
それでも、この小さな赤ちゃんは、小さなまえ足で、おかあさんのおなかにはい上がっていきます。そして、じぶんの力でおなかのふくろにはいります。カンガルーの赤ちゃんは、小さくても、おかあさんのおなかのふくろにまもられてあんぜんなのです。
カンガルーの赤ちゃんは、ふくろの中で、おかあさんのおちちをのんで大きくなります。そうして、六か月ほどたつと、ふくろのそとにでて、じぶんでくさもたべるようになります。

（国語一下、光村図書、平成元年版による）

この教材文の学習に取り組んだ明徳小学校の一年生は、文章に書かれていることをしっかりおさえた上で、もっと確かめたいこと、知りたいこと、わかりたいことなど、たくさんの疑問を提出している。

子どもたちの考えた主な「問い」

・うじ虫ってなあに。
・カンガルーの赤ちゃんは、どうしてあんなに小さいの。
・目も耳もはっきりしていないのに、口とまえ足だけがはっきりわかるのはなぜ。
・あんなに小さいのに、どうやってお母さんの袋に入れるの。
・なぜ袋に入っていくの。

・カンガルーには、なぜ袋があるの。
・オスのカンガルーにも袋があるの。
・カンガルーの赤ちゃんにも袋があるのかな。
・どうして袋のある場所がわかるの。
・こんな小ちゃい赤ちゃんが、どうやって大きくなっていくの。

そして子どもたちは、一年生なりに、自分たちが出した疑問に、さまざまな可能性を考えながら、その「なぞ解き」に挑戦していく。たとえば、次のような「問い」に対しての子どもたちの「考え」である。


「問い」――目も耳もはっきりしていないのに、口とまえ足だけがはっきりわかるのはなぜ。

「子どもたちの考え」
・前足は、お母さんの袋に入るのに必要だから。
・口は、息をするため、お乳を飲むためにも必要。
・赤ちゃんにとって一番大事なのは、（袋の中で）お乳を飲むために口が必要。
「問い」――でも口しかなかったら、（お乳を飲むとき）息を吸えなくなるよ。はながあるのかな。

「子どもたちの考え」

・鼻があるかもしれない。しかし、教科書の絵では確かめられない。（教師が実際に袋の中でお乳を吸っている赤ちゃんの拡大写真で、やっぱり鼻があることを確かめる。）

「問い」——袋の中に六か月もいるのに、おしっこやうんちはどうするの。

「子どもたちの考え」

・ライオンのお母さんがするように、カンガルーのお母さんも、口でなめてとってくれるのではないか。（「その通りだ、よく考えたね」とほめて、実際にどうするかを教師が補説。）

子どもたちにとって、うじ虫のような小ちゃな赤ちゃんが、どうやってお母さんの袋の中に入っていくかが、一番の不思議だったようだ。それについても、子どもたちの追求は続く。

「問い」——　なぜ袋にはいっていくの。

「子どもたちの考え」

・そのままだと、すぐに体が乾いて死んでしまう。

・ほかの動物に食べられてしまう。

「問い」——でも、どうやって袋にはいれるの。

「子どもたちの考え」

・お母さんが手で入れる。
・お母さんが口でくわえて入れる。
・触ったらつぶれそうや、皮がうすいから。
・でも「小さなまえ足で、はい上がっていきます」と書いてあるよ。
・自分ではい上がっていくんだ。

「問い」――どうしてお母さんの袋がどこにあるかわかるのだろう。

「子どもたちの考え」
・お母さんがなめて、入る道をつくってやる。（なにかで調べてきたのではないか。）
・お母さんの心臓の音を聞きながら上がっていくのではないか。
・まだ耳も無いのだから、音は聞こえないのではないの。
・お母さんのお乳の匂いでわかるのではないかな。

子どもたちは、こうした「なぞ解き」に生き生きとして挑戦していく。もちろん、こうした「なぞ解き」の学習が停滞することなく、子どもたちの追求が深まっていくことができるためには、授業者には、教えること中心の授業とは比較にならない、教材研究の深さ、確かさが求められることはいうまでもない。

最後に、この授業に取り組んだ吉村智恵美教諭の授業の感想（一部）を紹介しておきたい。

一つの問題について、深く掘り下げる経験のなかった一年生も、何度かその経験を繰り返していくうちに、追求する力や粘り強く取り組もうとする力が付いてきたように思う。また、とくに二学期以降は、うん?と立ち止まって、疑問に思うことを見つけ出すようにもなってきたようにも思う。また、一人ひとりが「問い」に対する自分の考えを持てるように、ワークシートを活用し、書く作業に繰り返し取り組ませたが、子どもたちは自分の思いを書き込めるようになってきている。発表についても、安易に人の意見に同調するのではなく、人とは違う自分の意見を探す子どもも増え、いろいろの思いを言えるようになってきている。

一つの問題を深く掘り下げる学習を進めていくためには、教材をしっかりと調べておかないと、子どもたちの「問い」に対応できなかったり、「中心になる問い」から、子どもたちの「問い」や「私の考え」を掘り下げたりすることができなくなってしまうので、教材研究も、今までよりはるかに広く、深くなり、多大な時間がかかるようになった。しかし、「どうぶつの赤ちゃん」に関しては、わたし自身は、興味深く、楽しく知識を深めることができた。問題意識を持って動物園（京都市丸山動物園）へも足を運び、今までとは違った動物園との関わりもできた。（一部省略）

「どうぶつの赤ちゃん」は、一年生にとっては比較的長い文でもあり、内容の理解にずいぶん時間も要すると思われた。そこで、まず分からない言葉をあげさせて、その意味を説明した。それぞれの動物の成長の時間の経過については、時間の長さの感覚が分かりにくい子どもたちもいるので、紙テープを使って比較させせた。また実際のライオン、しまうま、カンガルーの親と赤ちゃんの大きさをはっきり分からせるために、実物大の絵を描いて立て、動かしたりできるようにした。また、一人ひとりが自分の「問い」を作れるように、「生まれたときのようす」「おおきくなっていくはやさ」、「おかあさんとくら

べる」などを文章から見つけ出し、ワークシートに書かせた。その後で、自分の疑問を出させ、みんなで話し合いをした。（略）

カンガルーでは、赤ちゃんの想像もつかないほどの小さな体と、母親の体との違いに驚き、どうやって大きくなっていけるのかというのが、ほとんどの子どもの疑問だった。

この「どうぶつの赤ちゃん」の学習で、興味を持った子どもたちの中には、学習したことの確かめや疑問の解決のため、また、学習した動物以外の動物についても、新しい発見をするために動物園に出掛けた子や、動物の図鑑を買ってもらった子、図書室では必ず動物に関する本を借りて読む子が出てきた。また、ある子どもは、家族に頼んで、サファリパークに連れて行ってもらい、サファリパークを回っている間中、自分が学んだ動物や動物の赤ちゃんについての発見や新鮮な驚きを話し続け、家族が驚くほど、動物に関する興味を持続し続けていたという。このような子どもたちの事実は、単に動物教材のおもしろさだけではなく、子どもたちが自分自身の「問い」をとおして、よく読み、よく考え、確かめ、発見する学習の結果、その充実感があったからではないかと思う。

授業はとても楽しく、子どもたちだけでなく教師もたくさん学ぶことができ、一年生の思いでの中に、「どうぶつの赤ちゃん」を勉強したことをあげる子どもたちがたくさんいる（武田・鈴木『読解力と表現力をのばす授業』日本標準、九八〜一〇二頁）。

3 「なぜ」から広がる詩の世界への想像力

安西冬衛の「春」という一行詩（『軍艦茉莉』所収）は、昭和初期の新しい詩としてよく知られている。

春　　　安西冬衛

てふてふが一匹韃靼《だったん》海峡を渡つて行つた。

この詩で、小学校五、六年生に何度か授業を試みている。この詩はなにを表しているかを、言葉を手掛かりに考えさせようとしても、小学生たちはなにをどう考えていいか戸惑ってしまう。どうしたら子どもたちは、この一行詩の内面の世界へ入り込んでいくことができるか、いろいろ悩んだ末に、なにがわかるかではなく、詩人の心にどんな「なぜ」が生まれているか、それを考えてみることが、子どもたちがこの詩にもっとも接近しやすい迫り方ではないかと考えるようになった。

「てふてふ」や「韃靼海峡」については、一通り説明した後で、子どもたちに詩人の心にどんな「なぜ」が生まれているか、それを想像してみようと話して授業を進めていった。子どもたちからどんな「なぜ」が出てくるか、その「なぜ」が詩のどの言葉から想像されるのか、それを掘り下げていくところから、だんだんこの詩の核心に迫ってみたい。

この一行詩では、なんといっても詩の題である「春」が、詩の全体と不可分な結び付きを持っている。そこで、まず子どもたちが考えやすいように、「春」という題から「なぜ」を見つけてみようと言って、考えさせてみた。

しかし、「春」だけではあまりに漠然としている。この「春」は、あくまでも「てふてふ」にとっての「春」でなければならない。「てふてふ」もそれだけでは、なにチョウかわからない。かりにモンシロチョウだと考えてみることにした。モンシロチョウにとって春はどんな季節なのか、そこから「なぜ」を考えてみようということに、だんだん問題を絞っていった。

子どもたちから、春はいろいろの花が咲く季節だから、花の蜜を食べるチョウにとって、食べ物がたくさんある、それに仲間もたくさんいるという考えが出くる。そうだとすれば、そこから考えられる「なぜ」はないだろうか、と問いかける。ここから子どもたちの「なぜ」の発見が、次々と続いていく。子どもたちがあげた「なぜ」は、およそ次のようなものである。

・てふてふは、たくさん食べ物があり、仲間も大勢いる「春」なのに、なぜ韃靼海峡を渡って行くのだろうか。
・なぜ一匹なのか、仲間と一緒に行かないのか。
・「春」といっても、韃靼海峡には花もないし、仲間もいない。それでもなぜ渡って行くのか。
・てふてふは、韃靼海峡の先になにがあるのかわかっているのだろうか。

・てふてふは、韃靼海峡の向こう側までどれぐらいの距離があるかわかっているのだろうか。
・てふてふは、韃靼海峡の先まで行ったことがあるのだろうか。きっとないのではないだろうか。
・てふてふは、韃靼海峡の先になにがあるかもわかっていないとしたら、なぜわからないところに渡って行くのか。
・てふてふは、どれぐらいの時間がかかって、どこにたどり着くことができるかわかっているのだろうか。
・わかっていないとすれば、てふてふを韃靼海峡に向かわせているものはなんだろうか。

子どもたちがあげた「なぜ」には、重複している部分も少なくない。しかし、てふてふが行き先もわかっていない、しかもどこかにたどり着くことができるかどうかさえもわからないのに、「なぜ」「韃靼海峡を渡って行くのか」というのが、子どもたちが出した「なぜ」を考えていく中で、次第に絞られていったこの詩の中心課題であった。その中心課題を考えていくとき、それぞれの「なぜ」が幾重にも重なっていることを通して、いっそう子どもたちの追求を深め、想像力を豊かに広げることにつながっていったように思う。

この詩の学習では、一定の答えを導き出すことは困難であるだけではなく、それを目標とすべきではないであろう。詩人の心に沸き起こった「なぜ」を想像し、そこから子どもたち自身が、てふてふを突き動かしたものはなにか、それを想像してみることに中心を置きたい。

この詩の内容とは直接の関係はないのだが、子どもたちが未知なるものにひかれて心を動かされることがあるのかどうかを確かめてみたい思いで、子どもたちに、今まで一度も通ったことがない、その先になにがあるかわからない道を行ってみたいと思ったようなことがあるかどうかを尋ねてみた。すると、ほとんどの子どもたちがそう思ったことがあると言う。何人かの子は、その道を行って、迷子になり、やっと自分の家に帰ることができたことがあったという。この詩から、てふてふにもそんな思いへと突き動かしていくなにかがあるのか、子どもたちは、その「なぜ」への思いを深めていったように思う。

子どもたちは、未知なるもの、深い真実が隠されているような世界や物語に、精一杯に想像力を広げていくことができるような学習を切実に求めている。そうした学習に出会えたとき、子どもたちは次のような感想を書く。その感想のごく一部を紹介したい。

最初は別に「なぜ」ということにあまり関心がなかったけど、勉強しているうちに、「へーなるほど」とか「でもこれはなぜこうなるのか」など、いろいろ意見が出てきました。「春」という詩も、たった一行なのに、なぜこんなに「なぜ」が出てくるのか、よく考えれば、新しい「なぜ」が出てくるんだなぁと思った。

なぜ、てふてふは、危険をおかして、未知の世界にとんでいくのか。てふてふは、食べ物や友達がいる所を捨てて、危険のある海に行くのか、不思議でした。疑問から疑問が生まれるのは、とてもおもしろいことでした。

（京都市小学校　五年生男子）

私は、いままでぜんぜん考えていなかったことを考えて、「なぜ」がどんどん出てきました。なぜいままで、「なぜなんだろう」と考えなかったんだろうと思いました。なぜ、どうしてを考えるのは大変だったけど、とても楽しかったです。

「春」の詩では、てふてふの気持ちになると、いろいろの「なぜ」がうかんできました。「なぜ」からたくさんの疑問が出てきて、その疑問からその次の「なぜ」の疑問まで、次から次へと疑問が出てきます。疑問が疑問となり、それも疑問となって、当たり前だと思っていたことが不思議になってしまいます。

今日の授業で、不思議なことを、新しい発見に変えることは、とても大切だと思いました。これからも、たくさんの「なぜ」を考えて、たくさん、いろいろなことを発見していきたいです。

（京都市小学校　五年生女子）

第2章　言葉の力を豊かにしよう

Ⅰ　「言葉」の持つ意味を大事にしよう

1　言葉を大切にするとは

一つの言葉の意味をどうとらえるかによって、文脈上の意味の理解だけでなく、その文章の全体や作品全体の理解までが、大きく変わってしまうことがある。その意味で、文章の理解を進めていく上で、一つひとつの言葉の持つ重さに十分に注意を払いたい。

ある高等学校で、国語の授業を参観させてもらったことがある。二年生のクラスで、短歌の授業が行われていた。そこで取り上げられていたのは、若山牧水の短歌、「白鳥は哀しからずや空の青海のあをにも染まずただよふ」であった。この日の授業者は、生徒に考えさせながら、この短歌を深く味わうことに主眼を置きたいということであったが、授業が始まって、ものの五分もたたないうちに、教師が一方的に説明するだけの授業となってしまった。

授業が始まってほどなく、教師は「白鳥は今どこにいるのか」と問いかけた。一人の男子生徒が、「空を飛んでいる」と答えた。教師はその発言を吟味することもなく、白鳥はカモメであることを説明した上で、「一羽のカモメが空を飛んで行くのを見るとき、君はどんなことを感じるか」と同じ生徒に尋ねた。生徒は「なにも感じません」と答えた。そこで教師はさらに、「なにか哀しい感じはしないかな」と重ねて問いかけた。生徒は「なにも哀しい感じはしません」と答えた。この後、教師は生徒に問いかけ、考えさせることをすっかりやめ、説明するだけの授業に切り替えてしまった。

「ただよ・ひ」の《タダは、トドメ（止）・トドコホリ（滞）などのトドの母音交替形。物が水上・空中などで微動はしていても進行は止まっている意。ヨヒはカガヨヒ・モゴヨヒで、動揺し、揺曳する意》（『岩波古語辞典』補訂版）とある。教師は、「ただよふ」という言葉の語義をおさえないで、しかも「ただよふ」白鳥に、なぜ作者は「哀しからずや」という想いを抱かざるをえないのかも問うことなしに、この歌の核心ともいうべき「哀しからずや」がなにかまでを生徒に求めてしまった。この教師が授業に先立ってどのような言葉の吟味をしていたかはわからないが、あまりにも有名な短歌であり、その解釈にはそれなりの自信を持って臨んでいたように思うのだが、言葉への配慮に著しく欠けていたことは明らかである。

この授業では、まずなによりも、一つひとつの言葉を大事にすると同時に、歌の全体の中でのそれぞれの言葉の意味を吟味し、白鳥に託して歌われている「哀しからずや」が、作者自身の「哀しみ」

にほかならないことにまで、生徒たちが考え、追求し、たどり着くことができなければならないであろう。しかし、生徒たちはそうした追求の機会を全く与えられることなく、教師の一方的な説明だけで授業が終わってしまったのだった。

文章を読んで理解していく上で、まず必要なことは、文章は言葉によって書かれている以上、「言葉」そのものの意味を文脈に即して適切に理解することである。そのためには、安易に持ち合わせの知識に依存するのではなく、一見わかりきっているような「言葉」でも、辞書で確かめる習慣を持ちたい。辞書も一種類だけでなく、複数利用し、より適切な語義を選択できるようにしたい。そしてさらに忘れないようにしたいことは、辞書の語義だけで終わるのでなく、その言葉をもとの文脈のなかに戻して、その言葉が担っている文章上、さらには作品上の意味はなにかまでを、ていねいに確かめる作業を欠かさないことである。

2 「おぼろ月夜」の「においあわし」とは?

文学作品を読み味わう場合、私たちは言葉の表面的な意味をとらえるだけでなく、直接言葉に表れていないような状況や登場人物の心理などを想像し、作品の世界をリアルなものに感じ取っている。すぐれた作品であればあるほど、その作品の密度が、読み手の想像力を豊かに喚起する力を備えているということができるであろう。想像力といっても、それはあくまでも、言葉で表現されている作品の世界から触発されていくものであって、作品を離れて恣意的な想像を逞しくすることではない。

子どもたちは、言葉を大事にして、その作品を読み味わうことをおろそかにすると、勝手な想像力を押し広げていきやすい。そうした授業では、子どもたちの学習が深まっていかないのは当然である。しかし、言葉の根にあるものはなにかをしっかりとおさえて、その作品の世界への思いを深めていくとき、すばらしい想像力を発揮していく。

歌を歌う場合も、想像力がどのように働いているかが、歌う人の内面とかかわって、その表現力に大きな影響を与えることはいうまでもないであろう。小学校で、子どもたちの合唱を聞かせていただく機会が少なくないが、その想像力を豊かに広げていくために不可欠な歌詞の意味をほとんど理解しないで歌っていることが多いのに驚かされる。その典型的な例を紹介してみよう。

おぼろ月夜

菜の花畑に　入り日うすれ
見わたす山のは　かすみ深し
春風そよふく　空を見れば
夕月かかりて　においあわし

日本人であればほとんど誰でも知っていて、しかも大変愛唱され続けてきた唱歌である。題名は「おぼろ月夜」であり、春の深いかすみの中で、月がおぼろに見えているということまではわかるのだが、なんといっても気になるのは、最後の「においあわし」という言葉である。

かつて私の大学生たちに、この「においあわし」はなにかと尋ねてみたことがあるが、まずほとんどの学生が「菜の花」の「におい」だと答える。でも歌詞には「空を見れば」「夕月かかりて　においあわし」とあり、見ているのは「夕月」であり、文脈からしても夕月を「においあわし」と言っているのではないかと指摘しても、考えを変える学生はほとんどいない。「におい」は、学生たちの考えるように、やはり菜の花の「におい」でなければならないだろうか。

「におい」、古くは「にほひ」という言葉は、源氏物語の時代から「色美しく映える」「香りがほのぼのと立つ」といった色と香りとの両方の意味で用いられている。大正三年に発行された『文部省唱歌第六学年用』では、「にほひ」となっている。しかし、現在は、「におい」は鼻でかぐ「かおり」の意味が中心で、特殊な使い方でしか「色」の意味を残していない。現在の「におい」の意味からすれば、学生たちが「菜の花のにおい」ととらえるのももっともなことである。しかし、「菜の花のにおい」だとなると、この歌の世界の全体のイメージを、どのようなものとして理解することになるのだろうか。

この歌詞に表現されている世界は、「春風そよふく」という皮膚感覚にかかわる部分があるものの、全体はまさにまるごと視覚にとらえられている世界である。もう夕日も沈みかけ、薄闇が迫りつつあるが、眼前に一面に広がっている「菜の花」畑の色彩があざやかである。はるか遠くに見える山々の稜線が、春霞にかすんでいて、空にかかっている月は、その春霞の中でおぼろに淡い色の光を放っている。薄れつつある夕日、一面の菜の花、淡い月の光、春の霞の中で、おぼろでありながらも、色彩豊かな視覚の世界こそが、この歌の世界なのではないのか。「におい」を鼻でかぐ匂いだとすれば、歌詞全体のイメージとして、「春風そよふく空を見れば」という色彩豊かな視覚の世界から、菜の花のかおりをかぐことへの転換の必然性はどこにあるといえるであろうか。

この歌詞の意味を、色彩豊かな視覚の世界としてとらえてみるとき、この歌の「世界」が「におい」を「菜の花」の匂いと考えたときとは比較にならないほど豊かに広がって、全く違ったものに見えてくるように思うのだが、どうであろうか。

ちなみに「おぼろ月夜」は、現在も小学校の音楽の歌唱教材として教科書に取り上げられているが、現在の小学生には理解が困難であることを考慮して、歌詞の説明が付け加えられている。その「においあわし」の説明は、ある五年生の音楽教科書では「月の光がほんのりうすい」とある。また、ほかの教科書では「あたりがうっすらとしている」とある。さすがに「におい」を「菜の花のにおい」と説明している教科書はないのだが、「空を見れば」という限定があるにもかかわらず、「あたりがうっすらとしている」という解説は、どういうことであろうか。

3 『夕づる』の「なにもかもおしまいよ」が問いかけるもの

中学生にぜひ読ませたい文学作品をいくつかあげるとすれば、私はまっさきに木下順二の『夕鶴』をあげたい。この作品は、鶴が人間に助けられたお礼に、人間の世界にお嫁さんとなってやってくる「鶴女房」という民話を素材にしているが、これほど人と人との心の通い合いの機微（「表面的にはとらえることの出来ない、その時どきの対人関係などによって異なる心の動き」新明解国語辞典第五版、三省堂）に触れて、人とのかかわりのありようを考えさせる作品は少ない。この作品は、いくつかの中学校の国語教科書に載せられてきたが、小学生向けに書き改められたものもあり、それがこれまで何社かの小学校の国語教科書（三年生、四年生）にも載せられてきた。小学生でも深く考えることのできる、課題性豊かな作品だといえる。ここでは、小学生のために書き改められた『夕づる』の授業の問題点を、言葉に焦点を置いて取り上げてみたい。

小学校での文学作品の学習では、作品を通読した後で、まず子どもたちに最初に感じたことを書かせて（一次感想）、それをもとにさらに読みを深めていく学習が広く行われている。しかし、その授業の記録を検討してみると、多くの授業が、一次感想からの理解が、ほとんど深まっていない場合が少なくない。それは、一次感想をさらに掘り下げて理解を深いものにしていくための「問い」そのものが、学習課題として設定されていないからである。『夕づる』の場合もその例外ではない。

たとえば、子どもたちの一次感想として、次のような「つうとよひょう」の人物像についての感想が出されてくることが多い。この皮相で一般的な感想をどう乗り越えて、より深い内面理解までたどり着くことができるかは、ひとえに、そこからさらに授業者が子どもたちにどんな「問い」を立てさせることができるかにかかっている。その際、とくにていねいに考えさせたいのは、作品の中の言葉の使われ方である。言葉の捉え方が粗雑になってしまえば、心の機微に触れるような作品であればあるほど、その作品の本質というべきものから程遠い理解になってしまうことに注意したい。

「つうについて」

（ア）よひょうに約束をやぶられ、かわいそうだ。

（イ）よひょうといっしょに楽しくくらしたかったけど、できなくてかわいそうだ。

（ウ）自分の本当のすがたを見られてかわいそうだ。

「よひょうについて」

（ア）約束をやぶった心の弱い人だ。

（イ）やさしいけど、つうの気持ちを考えないので、思いやりがない。

（ウ）心がやさしく、働き者だったが、つうがあまりいいぬのをおったので、よくばりになってしまい、かわいそうだ。

（エ）人に言われるとすぐに自分の心を変えてしまう、心の弱い人だ。

（『実践国語研究別冊　一九八四年版　No.四七』五九頁、明治図書）

子どもたちの感想は、それなりに作品を読み取った上でのその時点の感じ方である以上、いかに不十分だとしても安易に否定したりすべきものではない。問題は、ここからさらにどういう「問い」を作って、子どもたちの理解を深めていくことができるかである。

この一次感想をもとに、作品への理解を深めていくためには、たとえばさらに、次のような「問い」を子どもたちが立てて、自分の考えを作っていくことができるような教師の働きかけが必要となるであろう。

・「よひょうはなぜ約束を守れなかったのか」
・「約束をやぶったよひょうの心の弱さとはどんなところか」
・「よひょうが、つうの気持ちを考えていないと言えるのは、どんなところか」
・「よくばりになったことと、約束をやぶったことには、なにか関係があるだろうか」
・「よひょうが人に言われるとすぐに自分の心を変えてしまう心の弱さは、なにが原因だろうか」

こうした「問い」は、単なる思いつきや一般論ではなく、あくまでも「言葉」や文章に即して、確かな「根拠」をもとに追求され、その上で「自分の考え、理解」を作っていく必要があることはいうまでもない。

ところでよひょうは、なぜ約束をやぶってしまったのだろうか。小学校の教科書版『夕づる』の十四、十五の場面は、次の通りである（『新版　国語三上』教育出版、平成元年版）。

十四

とうとうつうは、もう一枚だけぬのをおってあげようと決心しました。
今ぬのをおらなければ、よひょうはおこってどこかにでて行ってしまうだろう。

そう、つうは思ったのです。

そんなに都へ行きたいのなら、もう一枚だけおってあげて、そのぬのを持って都に行かしてあげよう。

そう、つうは、心を決めたのです。

「ただ、おっているところをのぞいてはだめよ。のぞいたらなにもかもおしまいよ。」

何度も何度もそう言ってねんをおしながら、つうははたおりべやに入っていきました。

とん　とん　から　から。

やがてはたの音がひびき始めました。

十五

あっ！

よひょうがのぞいている！

のぞいてはいけないと、あんなにかたく言われたのに、はたおりべやをのぞいている！

よひょうはずいぶんがまんしていたのです。

けれども、そうどやうんずが（登場人物名、原文のまま）、あのぬののことを、めずらしいたっといぬのだとあんまりさわぐものだから、またつうが、のぞいてはいけないとあんまり何度も言ったものだから、がまんしきれずにとうとうのぞいてしまったのです。

よひょうのなによりもの望みは、「美しいさくらの下を、美しい車が行き来しているというあの都へ、一度でいいから行ってみたい。そしてたくさんお金をもうけてくる」ことだ。つうはありったけの力を振り絞って、布を織るために機織り部屋に入った。その布さえ織り上がれば、よひょうの望みは叶えられる。その望みが、今のよひょうにとっては、それがすべてというべきものであったはずである。その大望を目前にして、よひょうは、たとえなにがあろうとも、機織り部屋をのぞいてみる誘惑に十分にうち勝つことができたはずではないか。それなのに、なぜよひょうは我慢しきれなかったのだろうか。

こういう「問い」を立ててみると、よひょうを「心の弱い人間」などとは簡単に片付けるわけにはいかない重い問題が、新たに浮かび上がってくる。

よひょうは、都へのあこがれと金もうけをしたいという気持ちに心を奪われていく。そしてつうは、よひょうとの心のつながりを失っていく。よひょうとつうとは、一緒に暮らしていても、いまやほとんど別の世界に生きているといってもいいであろう。

つうが、よひょうのために布を織ってやる決心をしたのは、離れて行くよひょうを、もう一度心が通い合っていた世界に引き戻すための、最後の「賭け」にほかならなかったであろう。しかし、このつうの「賭け」は、実を結ぶことはなかった。それは、いったいなぜだったのであろうか。

その点について、先にあげた十四場面のつうの言葉、「ただ、おっているところをのぞいたらだめよ。のぞいたらなにもかもおしまいよ。」に注目したい。ここに、よひょうがつうの願いを受け止めることができなければ、決定的な破局がやってくることが予告されている。この言葉は、けっして見落としてはならない重い言葉ではないか。

何度も何度も念を押して、機織り部屋に入っていったつうのこの言葉を、よひょうはどう聞いたのだろうか。「なにもかもおしまいよ」を、決定的な「破局」がやってくることとして聞いたのだろうか。もしそうだとしたら、けっしてのぞいて見ることはしなかったのではないだろうか。

つうの「なにもかもおしまいよ」の言葉に、なにが込められているのか、その痛切ともいうべき思いを、よひょうはなぜ受け止めることができなかったのか。そこに向けてこの作品をより深く追求していくための「問い」が立てられていくとき、現実の「破局」が、なぜ、そしてまた、なにによってもたらされたのかという根本から、子どもたちはこの作品との対面のし直しを迫られていく。

ここには、たった一つの言葉であっても、そこにどういう「問い」が立てられるかによって、作品の理解がいかに左右されることになるかが如実に表れる。言葉への「問い」の持つ意味とその重さを考えざるをえない。

「言葉」「こと」「わけ」から「全体的、構造的」な「問い」を通して、作品の理解を深めていく中で、「なにもかもおしまいよ」という一つの言葉が、つうとよひょうとの内面の大きな隔たりを浮き彫りにしていく。しかし、この作品を教材とした多くの授業の試みがあるにもかかわらず、私の知るかぎりでは、この言葉の重さに注目して、この作品の主題に迫っているような実践には、残念ながらこれまで全く出会うことができなかった。なぜなのであろうか。

それは、ほとんどの国語の授業がそうであるように、言葉の理解がきわめて表面的なものに止まり、文脈上の意味、さらに作品全体の構造や主題とのかかわりといったところまで、その意味を追求し、掘り下げて理解されていないからである。まずなによりも、そこに向けての「問い」の欠如や「問い」の貧困にこそ根本の問題がある、というべきではないだろうか。「問い」の貧困が、すぐれた作品の理解を貧しいものにしている例としての文学作品の実践記録は、枚挙に暇がないほどである。

Ⅱ　「和語（やまとことば）」としての日本語をしっかりと学ばせよう

1　和語（やまとことば）をなぜ学ばせないのか

言葉を大事にすることとかかわって、どうしても取り上げておきたいことは、いわゆる日本古来の「和語（やまとことば）」が、現在も話し言葉をはじめ、書き言葉としても日常的に高い頻度で使われているにもかかわらず、小・中学校の国語教育では、ほとんど取り上げられていないという問題である。ここでも、国語教育の言葉に対する感性がこれでいいのかと考えさせられてしまうのだが、どうであろうか。

最近の国語の教科書には、言葉、文字に関する事項や語句に関する事項が、比較的多く取り上げられるようになってきている。その取り上げ方は、ほとんどが、漢字の読み方、書き方、漢字の由来など、漢字が中心で、和語の由来や複合語等の和語固有の言葉の作られ方といったことは、ほとんどといっていいほど取り上げられていない。

中学校の学習指導要領［国語］には、和語については全く触れられておらず、小学校学習指導要領

［国語］にも、和語をどう取り上げるかの記載はない。ただ、国語の指導要領の解説［第5学年及び第6学年］の「各学年の目標及び内容」の［言語事項］（1）「ウ　語句に関する事項」に、「語句の由来に関しては、『漢字の由来』に関する事項とも関連させて、語源を調べたり、和語、漢語、外来語などの区別について関心をもったりできるようにする。」と、わずかに和語についての言及があるだけである（『小学校学習指導要領解説　国語編』一〇二頁）。

たとえば、小学校の国語の教科書では、同じ漢字に、訓読みと音読みの違いがあることが取り上げられている。二年生の教科書では、次のような文章が例としてあげられている（『国語二下』光村図書、平成十六年検定済）。

かん字の読み方

同じかん字でも、つかい方によって、ちがう読み方をすることがあります。

▼線を引いたかん字に気をつけて、読みましょう。

・みんなで、校歌を歌う。
・朝食に、パンを食べる。
・遠足で、遠くまで歩く。

▼たくさん読み方のあるかん字です。読んでみましょう。

上　じょう　うえ　うわ　かみ　あ・げる　あ・がる　のぼ・る

下　かげ　した　しも　さ・げる　さ・がる　くだ・る　くだ・す　くだ・さる　お・ろす　お・りる

上、下、それぞれの読み方に違いのある文例があげられているが、どうしてこれほどのたくさんの読み方があるのか、その説明はされていない。訓読みと音読みの違いはなにかについては、五年生で初めて次のような文例をもとに説明されている（『国語五下』光村図書、平成一六年検定済　八〇～八一頁）。

「夏休みをふるさとで過ごす人が多く、高速道路や新幹線はかなりこみ合うものと思われます。」

「ふるさと・過ごす・人・多い・かなり」など、もともとに日本にあった言葉が使われています。これらを和語と言います。「人」のように漢字で書いてあっても、「訓」で読む言葉は和語です。

上の文章から和語を取り出すとするなら、さらに「こみ合う・もの・と・思われ・ます」まであげるべきであろう。また、これだけたくさんの和語が使われていることを示したいのであれば、もう少し和語とはなにかについて踏み込んだ説明があってしかるべきではないだろうか。子どもたちは、これだけの説明で、一つの漢字になぜ音読みと訓読みの違いがあるのか、さらには訓読みになぜいくつもの読み方があるのか、ほとんど理解することはできないであろう。

訓読みは、漢字という外来語に、文字を持たなかった日本人の祖先たちが、その漢字の意味を表す話し言葉としての「和語」を当てて読むようになったものである。この外来語を、外来語の音で読むだけでなく、自分の国の言葉で読み直すということは、現在は世界中でただ日本だけに見られる特異な言語文化であるという。漢字文化の影響の大きい韓国でも、漢字は中国からきた漢字の音を使い、固有の韓国語でも漢字を読み直すという、二通りの読み方をすることはないといわれる（金田一春彦『日本語下』岩波新書、二八〜二九頁）。

現在でも、和語は話し言葉や書き言葉として、日本語の表現の使用頻度として、その半分近くの割合を占めている。しかし、小学校だけでなく、中学校においてさえも、子どもたちが和語とはなにかを学習する機会をほとんど持っていないというのは、いったいどういうことであろうか。

2　和語（やまとことば）の言葉の根にあるものを考えよう

漢字は、象形文字をもととして、指事文字、象形文字を組み合わせた会意文字、音と意味を組み合わせた形声文字というように、文字が創り出され、文字の意味を広げてきた。それと同じように、和語にも言葉の作られ方やその言葉の拡充には一定の構造がある。言葉と言葉を組み合わせることや、言葉に新たな言葉（接頭語や接尾語など）を付け加えることによって、その意味を広げたり、変えたりしていることは、少し言葉に注意してみるとわかってくる。

たとえば、やま（山）→やま・のぼり（山登り）、みず（水）→みず・およぎ（水泳ぎ）、そら（空）→おお・ぞら（大空）、こども（子ども）→こども・たち（子供たち）、うた（歌）→うた・う

（歌う）、くも（雲）→くも・る（曇る）、つぼ（壷）→つぼみ（蕾）などである。

一つの漢字の訓読みはほぼ固定したものとなっているが、漢字の読み方には、音読みと訓読みのほかに、その漢字の訓読みを無視した和語の読み方、熟字訓があることにも注意したい。中学校の国語教科書には、巻末の付録に「常用漢字表」の付表として熟字訓が載せられている。明日（あす）、昨日（きのう）、今日（きょう）、今年（ことし）、一日（ついたち）など、小学校で学習するものもたくさん含まれているが、その由来についての説明は、国語の教科書のどこにもない。

「昨日」は「さくじつ」という音読みがあるのに、なぜ「きのう」という読みにこだわってきたのか。「五月雨」は、訓読みをすれば「ごがつあめ」でなければならないが、「さみだれ」と読む。「時雨」は、「ときあめ」でなければならないが、「しぐれ」と読む。「さみだれ」も「しぐれ」も、源氏物語でも使われている古い言葉である。日本人は、その言葉を、かなり無理をしてまで漢字で表すことにこだわり続け、しかもその漢字にはすでに一定した字訓ができているにもかかわらず、それを無視してまで、言い習わしてきた話し言葉で読むこと（熟字訓という特別な読み慣わし）にこだわり続けてきたところに、日本人の和語に対する愛着と同時に、それをさらに漢字でも表現したいという心情を読み取ることができるのではないだろうか。その意味で、私たち日本人が本来話し言葉である和語を、漢字を当てて熟字訓読みして現在も使いこなしていることを、子どもたちにぜひ学ばせたいものである。たとえば次のような言葉である（《　》内の言葉の説明は、『岩波古語辞典』補訂版による）。

「いきる」（生きる）

——「いきる」の「いき」は、《イキ（息）と同根》とある。呼吸の息を活用した言葉であるという。日本人の先祖たちは、呼吸していることを生きていることととらえ、息をしなくなったときが、命が終わるときととらえていたことを想像させる言葉である。「息る」ではなく、「生きる」と漢字を当ててしまうと、和語の本来の意味が消えてしまうが、たとえ「生」という漢字で表すとしても、和語の意味をぜひ残しておきたい大事な言葉ではないだろうか。

「あきなう」（商う）

——《アキは秋と同根。収穫物の交換期の意。ナヒは行うの意の接尾語》という。つまり、「あきなう」は、「秋なう」で、古い時代に、農民たちが秋に収穫物を持ちよって、お互いに物々交換をしたことを残している、大変歴史を考えさせる古い言葉が生き続けているということを示している。

「たがやす」（耕す）

——古くは「たかえし」で、《タガヤシの古形。田返しの意味》、つまり「田返し」は「田畑を掘り返す」こと、そのままの「ことば」であることがわかる。

「よみがえる」（蘇る）

——《「黄泉かえり」の意味》、「死んだ人、死にかけた人が命をとりもどす」ことをいう。「よみ」は「黄泉の国」が示すように、「死者のゆく所、地下の世界」であり、この言葉は、死んだような状態から生き返るという意味が、まさに端的に表されている「言葉」であることがわかる。

「こがらし」（木枯らし）

――「こ」は、「き（木）の古形。複合語としてのみ残っている」、単独では用いられないが、「き（木）」のことである。「からし」は「枯らし」で、「こがらし」は、木が枯れたようになること、木の葉がすっかりなくなって、あたかも木が枯れてしまったような状態にする、秋から冬にかけて吹く風をさす。それを表すために作り出された複合語であることがわかる。

「ひがし」（東）

――古くは「ひむかし」で、それが「ひむがし」「ひんがし」「ひがし」と音が変化してきたという。「ひむかし」は、《日向（むか）し》で、「ひ（日）」と「むか（向）」と、方向を示す言葉「し」との、三つの言葉の複合語である。

「みやこ」（都）

――《ミヤは宮。コはココ・ソコのコ》、「みや」は《ミ（霊力）ヤ（屋）の意》で、霊的な力のある神や天皇の住む皇居などを表す言葉という。とすると、「みやこ」は、三つの言葉が複合されているということがわかる。

3 和語（やまとことば）の言葉のつながりを見つけよう

いくつかの「ことば」が複合して意味を広げていくのは、名詞だけでなく、動詞の場合にもたくさんあり、比較的わかりやすい。しかし、名詞や形容詞と動詞との相互の関連や、動詞が新たな語尾を取ることによって意味を拡大していく造語法、擬態語や擬声語から作られる動詞など、「やまとことば」にはふだんほとんど気づくことができない、造語、構語の仕組みがある。そのことを知ったのは、吉田金彦『日本語語源学の方法』（大修館書店）に出会ってからである。

よく注意して見ると、名詞「くも（雲）」と「くもる（曇る）」、名詞「つな（綱）」と「つなぐ（綱ぐ）」に関係があるように思えるが、「くもる」は《クモ（雲）の動詞化》、「つなぐ」は《ツナ（綱）の動詞化》と明示されないと、そのつながりに確信が持てない。和語の動詞には、「みる（見る）」「きく（聞く）」「いう（言う）」「すむ（住む）」「さす（指す）」など、「る、く、ぐ、う、つ、む、す」などの動詞語尾が多いが、「くも・る」「つな・ぐ」もその例である。

それでは、「て（手）」や「ね（音）」は、動詞語尾をつけると、どんな言葉になるであろうか。これはなかなか見当がつかない。音の変化をともなうからである。「て（手）」は《古形タ（手）の転》とあるが、「て」でも「た」でも、「る、く、う、む、す」などの動詞語尾とつながりそうなものをなかなか見つけられない。古語辞典を調べていくうちにやっと「とる」《タ（手）の母音交替形トを動詞化した語》というのが見つかった。「ね（音）」も同じように、「なく」は《ナはネ（音）の古形》とあることによって、古形の「ナ」を残して動詞語尾「く」をつけて、「なく、なる（泣く、鳴く、鳴る）」という動詞になっていることがわかってくる。

それでは、形容詞と動詞にはどんな関係があるだろうか。「いたい（痛い）」と「痛む」、「にくい（憎い）」と「にくむ（憎む）」は思いつくが、「ながい（長い）」や「せまい（狭い）」となると、まるで見当がつかなくなってくる。「ながい（長い）」「ナガ」を同根とする動詞は、意外にも「なげる（投げる）」で《ナガ（長）を活用させた語》、「ながす（流す）」《ナガシ（長）・ナゲ（投）と同根》であるという。「なげる」「ながす」は、長く、線状的にものが動いていくさまをいい、「川が流れる」という言葉もそれで納得できるだけでなく、あらためてこの言葉に出会えたような気がしてくる。

和語には擬音語や擬態語をもとにした動詞が少なくないことも、新しい発見であった。「きしむ（軋む）」は《キシはキシリ・キシロヒなどのキシと同じで擬音語》とあり、「キシキシ」という擬音語がもとになっていることを想像しやすいが、「そそぐ（注ぐ）」となると、そう簡単には思いつかない。「そそぐ」は《ソソは擬音語。水の流れる音、かかる音、散る音》とある。「いそぐ（急ぐ）」は《イソヒ、イソイソと同根》とあり、「いそいそ」は《イソギのイソと同根》とあって、擬態語から動詞化されていることがわかる。「ひかる（光る）」は《ヒカメキ・ヒカヒカと同根》とあり、現在は「ピカピカ」というところを古くは「ヒカヒカ」と澄んで発音されていることから、これも擬態語からの動詞であることがわかる。これに類する言葉としては、「きらめく」「ひそむ」「ひらめく」などをあげることができる。

古語辞典をていねいに調べて同根の「言葉」を拾い出してみると、それほどたくさんではないが、意味の共通するいくつかの語群を見つけることができる。たとえば「さく（咲く）・さかり（盛り）・さかえる（栄える）・さいわい（幸い）」は、植物の繁茂や花が咲き栄えて、生命力の活動が活発に行われることをもとにして意味を広げている「ことば」であるという。「さき（咲き）」は《サカエ（栄）・サカリ（盛）と同根、内にある生命の活動が頂点に達して外に形をとって開く意》、「さいわい（幸い）」は、古くは「さき（咲き）はひ」（「はひ」は「ニギハヒ」の「ハヒ」）とあり、「サキハヒは、植物の繁茂が人間に仕合せをもたらす意から成立した語」と解説されているように、農耕民の生活と植物が豊かに実ることへの願いを端的に表していることが実感できるような言葉である。

「なれ・ならす・ならう・ならわし」は、「ナラ」を同根とする言葉である。「なれ（慣れ）」は《ナラシ（均）・ナラヒ（習）のナラと同根。物事にたえず触れることによって、それが平常と感じられるようになる意》とある。繰り返して何度も触れて働きかけることで、ものの表面を平らにしたり、一つのことに落ち度がないように練習したり、繰り返していくうちにそれに慣れ親しんだり、それがいつも同じように行われる習慣となっていく、というように、同根「ナラ」が、それぞれの「言葉」に、実にしっかりと根を下ろして使われてきたことを実感させられるのではないだろうか。

「和語（やまとことば）」の成り立ちを探っていくと、私たちの祖先は、五感や生活実感をもとに、多くの言葉を生み出してきたことにあらためて気づかされる。ことさら言葉の成り立ちまで還らなくても、「川が流れている」というのになんの不自由もないが、昔の人たちが、川の長く流れ動いているその水の「動き」に注目して、きわめて動的な「言葉」として、「なが（長）れる」を使ってきたことを知ることができるとき、「言葉」への親しみとともに、何千年かの時を超えた先人の心の奥襞に触れるような豊かな思いに誘われる。

「和語（やまとことば）」とはなにか、その成り立ちや構造を理解するには、このように、言葉を整理して、そこにある造語の原則や品詞の相互の関連をたどってみると、わかりやすいのではないだろうか。その意味で、次のようなテキストを作成して、小学生（五、六年生）や中学生に何度か授業を試みてきた。子どもたちは、初めて和語と出会い、喜んでその「ことばの成り立ち」に挑戦していく。

4　「和語（やまとことば）」の成り立ちに挑戦しよう

一．次の名詞に動詞を作る語尾（る、く、ぐ、う、む、なう、えるなど）をつけて、動詞を作ってみよう。

いき（息）―（いき・　　）　かず（数）―（かぞ・　　）
うた（歌）―（うた・　　）　つた（蔦）―（つた・　　）
か（香）―（か・　　）　とも（伴）―（とも・　　）
くず（屑）―（くず・　　）　に（荷）―（に・　　）
くも（雲）―（くも・　　）　ひ（氷）―（ひ・　　）
くれ（暮）―（くれ・　　）　て（手）―（と・　　）

つな（綱）―（つな・　　）　ね（音）―（な・　　）
つぼ（壺）―（つぼ・　　）　め（目）―（み・　　）
まね（真似）―（まね・　　）

二．次の形容詞に動詞を作る語尾（る、く、う、む、すなど）をつけて動詞を作ってみよう。

いたい（痛い）―（いた・　　）　ながい（長い）―（なが・　　）
おしい（惜し）―（おし・　　）　にくい（憎い）―（にく・　　）
くさい（臭い）―（くさ・　　）　はげしい（激しい）―（はげ・　　）
さびし（寂しい）―（さび・　　）　ふかい（深い）―（ふか・　　）
せまい（狭い）―（せま・　　）　やすい（安い）―（やす・　　）

三．次の動詞のもとになっていることばはなにかを考えてみよう。

いざなう―（いざいざ　）　そよぐ―（　　）
いそぐ―（　　）　とどろく―（　　）
きしむ―（　　）　はためく―（　　）
きらめく―（　　）　ひかる―（　　）
ささやく―（　　）　ひそむ―（　　）

さわぐ　―（　　　　）
そそぐ　―（　　　　）
ひびく　―（　　　　）
ほろぶ　―（　　　　）

四．次の動詞はどんなことばが組み合わされてできているだろうか。

おも・むく（赴く）　―面・向く
さえ・ぎる（遮る）　―先・切る
し・めす（示す）　―為・見す
そ・むく（背く）　―脊・向く
た・がやす（耕す）　―田・返す
た・めす（試す）　―手・示す
た・むける（手向ける）　―手向・ける
つま・づく（躓く）　―爪・突く
なが・める（眺める）―長・見る
なげ・く（嘆く）　―長・息く
な・のる（名乗る）―名・宣る
みち・びく（導く）　―道・引く
や・どる（宿る）　―屋・取る
よみ・がえる（蘇る）　―黄泉・返る

五．次のことばの意味を考えてみよう。

あかつき（暁―明かとき）
あきない（商い―秋ない）
いくさ（戦―活くさ―さち）
いけ（池―生け―生け簀）
しあわせ（幸せ―仕合わせ）
すずり（硯―墨すり）
たきぎ（薪―焚き木）
たそがれ（誰ぞ彼―たぞかれ）

いにしえ　（古 ― 往しへ ― いにしへ）
かみなり　（雷 ― 神鳴り）
かはたれどき　（彼は誰時 ― かはたれどき）
けさ　（今朝 ― 来朝 ― きあさ）
こがらし　（木枯らし）
ことし　（今年 ― この年）
ことば　（言葉 ― ことのは）
さいわい　（幸い ― 咲きわひ）
さかな　（魚 ― 酒菜）
さち　（幸 ― さつ ― さつや）
ついたち　（一日 ― 月立 ― つきたち）
なぞ　（謎 ― なんぞ）
にし　（西 ― いに・し ― にし）
のど　（喉 ― 飲み門 ― のみと）
はたち　（二十歳 ― はた・ち）
ひがし　（東 ― 日向し ― ひむかし）
まえ　（前 ― 目へ）
みやこ　（都 ― 宮こ）
むかし　（昔 ― 向し）

六．次のことばに共通する意味はなにかを考えてみよう。

①あたる・あたり・あたかも・あたい（当たる・辺り・恰も・値）
②いき・いきる・いきおい・いのち（息・生きる・勢い・命）
③さく・さかり・さかえる・さいわい（咲く・盛り・栄える・幸い）
④しずむ・しずまる・しずか・しずく（沈む・静まる・静か・滴）
⑤つた・つな・つて・つたえる（蔦・綱・伝・伝える）
⑥なれ・ならす・ならう・ならわし（慣れ・慣らす・習う・習わし）

⑦なぐ・なごむ・なごやか・なぐさめる（凪ぐ・和む・和やか・慰める）
⑧はかる・はかり・はかない・はかどる（計る・計り・儚い・捗る）

この授業に対する子どもたちの受け止め方はどうだっただろうか。小学生（五年生）と中学生（三年生）の感想の一部を紹介したい。

今日も、当たり前だと思っている言葉、そのことについて勉強しました。本当に、不思議なことだなぁと思いました。例えば「ひがし」、ふだんなんとも思わない言葉ですが、考えてみると絶対不思議になります。「ひがし」という昔の言い方は、「ひむかし（日向し）」です。意味は、日が向く方だからです。言葉で、不思議があるとは思わなかったです。たとえ一文字、二文字の言葉でも、絶対なぞが言葉にあるとぼくは思います。ぼくはとても感激しました。

（京都市小学校　五年生男子）

わたしは今日授業を受けて、すごくうれしいです。なぜかと言うと、おぼえようとしなくても、かってに覚えてしまうからです。形容詞を動詞にしたり、動詞の語尾を変えたりというのは、とても面白かったです。言葉の意味をいままで深く考えたことはなかったけど、実際に考えてみると、「なるほど～」「そういう意味か～」と納得しました。一番おどろいたのは、「前」が「目へ」だったことと、「ひがし（東）」が「日向し」だったことです。昔の人は、いろいろのことを考えて、言葉をつくったんだなぁということがよくわかりました。もっといろんなことを教えてほしかったけど、これで終わりだということが、とても残念です。

（京都市小学校　五年生女子）

ふだん、当たり前に使っている日本語の奥の深さに驚いた。日本語などは、身近すぎて、成り立ちや元の意味を考えたこともなかった。

まず、「生きる」という動詞が、「息」という言葉から出ていたとは、とても驚いた。また、「秋」から「商う」というのも興味深い。いろいろの言葉の元を考えていくと、その当時の人々の暮らし方や考え方が、見えてくるような気がした。

（仙台市中学校　三年生男子）

やまとことばはとても興味深く、またおもしろいなあと思いました。いままで、何げなく使っていた言葉だけど、しっかり歴史があり、意味があるんだということに気づくことができました。

今もどんどん新しい言葉が生まれているけど、なぜ昔の人が築いた言葉ほど、意味が奥深く、またきれいなのか疑問に思います。昔の人は、音や情景などに敏感なのにたいして、私たちは、それがどんどん弱くなっているのでは、ということを考えさせられる授業でした。

（仙台市中学校　三年生女子）

第3章　文章を読む力を豊かにしよう

Ｉ　「おぼえる国語」から「考える国語」に変えよう

1　「国語を正確に理解する能力」とはなにか

平成二十年三月に公示された次期小学校学習指導要領「総則」の「教育課程編成の一般方針」には、学校の教育活動の進め方について、次のように述べられている。

学校の教育活動を進めるに当たっては、各学校において、児童に生きる力をはぐくむことを目指し、創意工夫を生かした特色ある教育活動を展開する中で、基礎的・基本的な知識及び技能を確実に習得させ、これらを活用して課題を解決するために必要な思考力、判断力、表現力その他の能力をはぐくむとともに、主体的に学習に取り組む態度を養い、個性を生かす教育の充実に努めなければならない。

この「一般方針」を踏まえた国語の教科目標は、現行学習指導要領と同文の次のような文章となっている。

国語を適切に表現し正確に理解する能力を育成し、伝え合う力を高めるとともに、思考力や創造力及び言語感覚を養い、国語に関する関心を深め国語を尊重する態度を育てる。

「国語を適切に表現し正確に理解する能力」とはなにか、その具体的な解説は、学習指導要領の公示の後で出される『解説』で述べられることになるであろうが、国語科の目標そのものに変更が加えられていないので、これまでの考え方が大きく変更されることはないと考える。現行小学校学習指導要領の『解説　国語編』では、目標に示されている国語の理解と表現について、次のように解説されている。

言語は言語形式とそれによって表される言語内容を併せ持っており、「国語を適切に表現する能力」とは、「言語を適切に使う能力」と「言語を使って内容や事柄を適切に表現する能力」との両面の内容を含んだものとなる。「国語を正確に理解する能力」とは、「言語の使い方を正確に理解する能力」と「言語で表現された内容や事柄を正確に理解する能力」との両面の内容を含んだものとなる。

（七～八頁）

少しわかりにくい文章であるが、言語はそれによって表される「内容や事柄」にかかわるものであるから、「国語を適切に表現する」とは、伝え手が、伝えたい「内容や事柄」を適切な言語の表現に変換することであり、「国語を正確に理解する能力」とは、表現されている言語から、伝え手が伝えようとしている「内容や事柄」はなにかに、受け手が正確に変換する思考活動であると理解することができよう。

その「言語」と「内容や事柄」への相互変換が適切に行われるためには、伝え手にも受け手にも、「言語に関する知識」だけでなく、自然や文化、人間等についての「世界に関する知識」を呼び起こし、それを活用してどんな言語に表すか、言語からどんな「内容や事柄」に変換するか、そのための思考活動が適切に行われなければならない。その思考活動が「適切」かつ「正確に」行われるためには、伝え手の場合は、自分が伝えたい「内容や事柄」を表すのに、どんな「言語（「言葉」）」を選択すべきかをよく考えなければならないし、受け手の場合には、表現されている「言語」から、それをどんな「内容や事柄」に変換すべきかをじっくり考え、その変換が適切かどうかをたえず吟味することが必要となる。

ここに、国語の表現と理解が適切、かつ正確に行われるためには、なにをどうすべきかを「問い」「考え」、「確かめ」、「言葉」や「世界」についての基礎的・基本的知識をもとに、「これらを活用して課題を解決するために必要な思考力、判断力、表現力その他の能力をはぐくむとともに、主体的に学習に取り組む態度を養い、個性を生かす教育の充実に努めなければならない。」とする、改訂学習指導要領が目指す、学校教育の根本的な目標にも結び付く学び方があることになるであろう。

それでは、まず表現されている「言語（以下「言葉」）」を「内容や事柄」へと変換して、自分の「理解」を作っていくための具体的な学習方法について、これまで『学習指導要領』やその『解説』は、どのような提案を行ってきたといえるであろうか。残念なら、その方法と呼べるものがあるとするなら、わずかに「要点、要旨」をとらえることを示してきただけにすぎない。しかも、その「要点、要旨」をとらえることが、どのようにして「内容や事柄」を「正確に理解」することに結び付くのか、その理解の内面過程について、これまで納得できるような説明は全くなされてきてはいないのである。「最も基本的というべき」国語の「理解の能力」の形成について、どのような学習過程を設定して、その能力の育成をしていくことができるかは、国語教育の根幹にかかわる問題である。そこには、当然ながら、「言語表現の論理」、「言語理解の論理」とはなにかが問われることになる。しかし、指導要領のみならず、多くの国語教育論等においても、現在のところ、その論理についてほとんど参考にすべきものがないのが現状である。これではとうてい「国語の能力」を豊かに育てることができるはずがない。

文章を読んで、そこに表現されている「言葉」から、「内容や事柄」を正確に理解することと、伝えたい「内容や事柄」を適切な「言葉」に表現していくことができることが、国語教育の「基礎・基本」だとするなら、その能力を育てるための学習の論理を欠いている現状では、改訂小学校学習指導要領の「総則」「指導計画の作成等に当たって配慮すべき事項　2（1）」に掲げている「各教科の指導に当たっては、児童の思考力、判断力、表現力等をはぐくむ観点から、基礎的・基本的な知識及び技能の活用を図る学習活動を重視するとともに、言語に対する関心や理解を深め、言語に関する能力の育成を図る上で必要な言語環境を整え、児童の言語活動を充実すること」も、看板だおれに終わってしまうことは避けられない。それでは、この国語教育の不毛から、どうしたら抜け出して、指導要領が目指す「国語の能力」を育てることができるであろうか。

2　文章理解になにが欠落してきたか

「言葉」が指し示していることは、どんな「こと」や「わけ」であるか、それを自分自身で確かめてみる「問い」があってこそ、それは「わかる」ことか、それとも「わからない」ことかの自覚が生まれる。「問い」がなければ、いかに物事を正確に記憶したとしても、それはけっして自分が理解したことにはならない。この「問い」の持つ重要性について、残念ながら、日本の教育界はまだほとんど認識していない。

子どもたちが主体的に「学ぶ」ことができるために、「考える」授業への取り組みが強調されてはいるが、考えるための「問い」の意識化の必要性については、不思議なほどに取り上げられることが少ない。「問い」がなければ「考える」必要は起こってこないし、したがって「考える」力が育たないのは当然というべきであろう。こうした教育の現状は、二〇〇三年と二〇〇六年にＯＥＣＤが実施したＰＩＳＡ調査（国際学習到達度調査）の日本の子どもたちの学力の結果とも、けっして無縁ではないのではないだろうか。

文部科学省では、とくにPISA調査での「読解力」の得点の低下を重視し、その学力の向上を次期指導要領の改訂の重点目標として位置付け、そのための取り組みを進めている。二〇〇五年十二月に発表された『読解力向上プログラム』（『読解力向上に関する指導資料』文部科学省、平成十七年十二月、以下『プログラム』）では、そのPISA調査の分析結果から、これからの授業改善の課題として、次のような「三つの重点目標」を掲げている。

目標① テキストを理解・評価しながら読む力を高める取組みの充実
目標② テキストに基づいて自分の考えを書く力を高める取組みの充実
目標③ 様々な文章や資料を読む機会や、自分の意見を述べたり書いたりする機会の充実

これらの重点目標の達成に向けて、文部科学省は教育委員会と連携しつつ、学習指導要領の見直し、授業の改善・教員研修の充実など、五つの重点戦略を掲げている。しかし、教える教育から「自ら学び自ら考える」教育への転換を目指した教育改革が、これまで実質的にはほとんど進展してこなかった経過を省みるとき、この目標の実現に向けての今後の取組みがどれほど成果をもたらすことができるか、きわめて危惧されるところである。

「三つの重点目標」それ自体は、望ましいことだとしよう。問題は、目標とするような学習活動が、いかにして学ぶ子どもたちの主体的な内面活動として可能となるか、その点についての検討がどれほ

どなされているかである。

たとえば、目標①では、「そのテキストについて、内容、形式や表現、信頼性や客観性、引用や数値の正確性、論理的な思考の確かさなどを『理解・評価』したり、自分の知識や経験と関連づけて建設的に批判したりするような読み（クリティカル・リーディング）を充実することが必要である。」と述べている。

しかし、こうした多面的で、しかも高度なテキスト理解や評価、さらには批判的な読みを可能にするような学習は、どのような学習活動を通して学習者の内面に成立していくものなのであろうか。またさらには、そうした学習への動機づけや意欲は、なにによって支えられていくものなのであろうか。そうした問題意識が『プログラム』からは全くというほど見えてこないのは、なぜであろうか。

クリティカル・リーディングの充実が必要だという。しかし、それはあくまでも学習の結果として期待されることである。クリティカル・リーディングが行われるためには、その前提として、クリティカル・シンキングが伴っていることが必要なはずである。すなわち、テキストについて『プログラム』が例示するような、「内容、形式や表現、信頼性や客観性、引用や数値の正確性、論理的な思考の確かさ」等についてのクリティカル・リーディングを深めていくためには、右のような課題にもとづいて、その内容等についての適切性や妥当性、真実性を「問い」、確かめ、吟味し、自分の確かな理解を作っていくための思考過程と、その思考過程を促進していくための学習活動の設定が不可欠なはずである。

テキストの示す真実性の吟味や理解は、その確かさを追求するための「問い」がないところでは、当然ながら起こりえない。『プログラム』には明らかに、この「問い」からのテキストの理解や吟味の学習過程の重要性、必要性の認識が欠如している。この認識の欠如こそが、これまでの（そしてこれからも予想される）日本の教育改革にとって、もっとも重大な問題だったといえるのではないだろうか。

これまでの日本の学校教育では、あまりにも長い間、この内発的な「問い」の重要性が軽視されてきた。なにが真実かを学ぶことは、教科書に書かれていることや教師に教えられたことを、そのまま信じて受け入れることではないはずである。クリティカル・リーディングが大切であるとするなら、たとえ一般に真実とされているようなことであっても、そこにある事柄の確かさや真実性が、学び手自身の「問い」を通して確かめられ、納得されていく学習過程こそが大切にされるべきであろう。

国語における「基礎・基本」の学習は、単純な「繰り返し」によって達成されるようなものではない。子どもたちの知性が生き生きと働く場としてどう学習を再組織できるかを、根本から考え直すべきときがきているのではないだろうか。

3　四つの「問い」による「理解」のステップ

文章を読んで、そこに書かれている「言葉」から、書き手が伝えようとしている「内容や事柄」（以下「こと」や「わけ」）がわかるためには、当然ながら、それが「わかる」ものとなっていくための思考のプロセスが伴っていなければならない。これまで、自分の理解を作るためには、「問い」が不可欠であることを繰り返し述べてきた。その「わかる」ためのプロセスとして、次にあげるような四つの「問い」と、その「問い」に対する自分自身の「理解」を作るためのステップが不可欠ではないかと考える。

1　文章の理解にとって大事にすべきことは、まずなんといっても「言葉」そのものの「意味」の理解のための「問い」である。よくわかっていると思っているような「言葉」でも、あらためてその意味を考えてみたり、辞書で調べたりしてみると、思わぬ発見をすることがある。しかも、「言葉」は、その文章の文脈の中で生きた「意味」を持つものであるから、辞書的な語義に止まらず、そこにどんな「文脈上の意味」を持つかを確かめる必要があることは、いまさらいうまでもないことである。

2　次に必要なことは、「言葉」が指し示しているものはなにか、についての「問い」である。「言葉」はそれぞれに、具体的であれ、あるいは抽象的であれ、なんらかの「こと」や「わけ」を表している。したがって、「言葉」の理解は「言葉」だけで成り立つものではなく、その「言葉」が指し示している事物、事象や論理や思想、感情といった、「事柄」の持つ「意味」を探る作業、学習指導要領にしたがって言い換えるなら、「言語」を「内容や事柄」へと復元するための作業を行って、自分の理解を作っていく思考過程が不可欠である。「内容や事柄」といっても、やや抽象的に過ぎるので、「言葉」や「文章」を、それがどんな「こと（事実）」や、どんな「わけ（論理）」を表しているか、自問自答し、自分の知識の中でよくわかるものに置き換えてみることだと考えると、わかりやすいのではないだろうか。

3　その際、文章に記述されている「言葉」そのものから、どんな「こと」「わけ」かに変換していくことができる場合もあるが、「言葉」から「こと」への変換ができても、「わけ」への変換が直接「言葉」から導き出すことができない場合も少なくない。しかし、その文章の「内容や事柄」がなにかをよく理解しようとするとき、記述されている「こと」から直接記述されていない「わけ」はなにかを推論して補って、文章理解を確かめる作業を行うことも必要となってくる。またさらには、「わけ」の推論が文章からは困難な場合には、適切な資料などを探し求め、調べてみることも必要となる。

4　文章の理解は、一つひとつの「言葉」、「こと」と「わけ」、さらには「こと」「わけ」のつながりに「問い」を立て、追求していくことによって深まっていくが、その文章全体について、そこにどんな関係、構造があるかを追求、理解するには、それだけでは不十分な場合が少なくない。いくつかの「こと」「わけ」のつながりの追求を踏まえた上で、さらにその文章の全体を貫く、「全体的、構造的」な「理解」のための「問い」を立てることがどうしても必要になる。

そのための作業としては、それを頭の中の活動として行うだけでなく、こんな「こと」からするなら、こんな「わけ」ではないかということを、「問い」とともに文章として表現してみることが、より明確な推論と理解を作っていく上で必要な作業ではないかと考える。文章に書く作業をとおして、自分の考えや理解が吟味しやすくなり、そこからより確かなものに修正していくことにも取り組みやすくなるからである。
「言葉」から「こと」「わけ」への理解を作っていくためには、その理解の変換作業が適切に行えるように、上に述べたような四つの「問い」の枠組みをワークシートとして作り、そこに「問い」と「自分の考え」を書き込んでいくようにしたい。

こうした文章理解の学習に、京都市の小学校で五年間にわたって取り組んできたが、子どもたちに、文章を理解する力だけでなく、考える力、書く力もすばらしく育っていることが確かめられている（武田、鈴木編『読解力と表現力をのばす授業』日本標準）。

文章理解のためのワークシート

「言葉」への「問い」

文章上の「言葉」	「言葉」の辞書的意味	文脈上の意味 ― 私の考え、理解

どんな「こと」かへの「問い」

文章の記述	どんな「こと」かへの問い	「問い」についての私の考え、理解

どんな「わけ」かへの「問い」

文章の記述	どんな「わけ」かへの問い	「問い」についての私の考え、理解

全体的、構造的な理解のための「問い」

文章全体の関連	全体的、構造的な理解のための問い	「問い」についての私の考え、理解

Ⅱ　四つの「問い」から文学作品を読み、理解を深める

1　「わらぐつの中の神様」をどう読み取るか

授業には、授業者が教材研究にどのように取り組み、その教材についてどのような理解を形成したかが、当然ながら決定的に反映される。ことに文学作品の場合には、全体としてどのような主題が読み取れるのか、それが登場人物にとってどのような事件を構成要素として展開されるのかの捉え方によって、授業で子どもたちが追求していく課題も、またその結果としての作品の理解も、大きく左右されることになる。

「わらぐつの中の神様」は、かなり長期にわたって教科書に採用され続けてきている教材である。この作品の授業記録も少なからず公刊されているが、作品の本質、主題にまで子どもたちの追求が深まっていると評価できる実践は、きわめて少ない。その主な原因は、まずなによりも、授業者自身が、言葉に即して作品を的確に読み取る作業を行っていないからだと考える。なぜ読み取りが不十分なのか。それは、繰り返し述べてきたように、文章を読み取っていく上で不可欠な「言葉」「こと」「わけ」、さらには作品の「全体性、構造性」を追求し、理解していくための「問い」がきわめて不十分だからである。

それでは、文学作品の読み取りを豊かにするために、作品の叙述に即してどのような追求がなされるべきだろうか。以下に、四つの「問い」とそれに対する理解をどのように作っていくかについて、具体的に検討してみることとする。

「わらぐつの中の神様」（『国語』五下、光村図書、平成十七年版）は、この物語の主人公であるおみつさんが、町の朝市に野菜を売りに行く途中で見かけた「雪げた」欲しさのあまり、それを買うために「わらぐつ」を作って朝市で売り始めたことが縁で、まだ修業中の若い大工さんと出会い、やがて結婚することになったことを、今はおばあちゃんとなっているおみつさんが、孫娘のマサエに回想して話し聞かせることを中心にした物語文である。

おばあちゃんは、おじいちゃんとの出会いを回想する話をし終わって、孫娘のマサエに、「どうだい、いい話しだろ。」と語っている。この「どうだい、いい話しだろ。」と言った、おばあちゃんがマサエに伝えたかったこととはなにか、「いい話」の「いい」とは、おばあちゃんとおじいちゃんとの出会いの場面のどこにあると考えるのか。そこに向けてどのような「問い」を立て、自分の理解を追求していくことができるか、それが、この作品の理解の核心にかかわる問題ではないかと考える。

（1）四つの「問い」とその追求

雪げた欲しさに作り始めた、あまり格好のよくないわらぐつを、大工さんらしい若い男の人が買ってくれた。その若い男の人は、その次の市も、またその次の市にも、わらぐつを何度も買いにきた。そしてついにおみつさんにプロポーズまですることになる。その場面と、おみつさんであるおばあさんが、孫のマサエに「どうだい、いい話しだろ。」と話し終えるところまでの文章を取り上げ、この作品の核心につながる課題に絞って、四つの「問い」を検討し、理解を試みてみることとする。

その次の市の日にも、またあの大工さんが来て、わらぐつを買ってくれました。その次も、またその次も、おみつさんが市に出るたびに、あの大工さんは必ずやって来て、不格好なわらぐつを買ってくれるのです。おみつさんは、いつの間にか、その大工さんの顔を見るのが楽しみになっていましたが、こんなに続けて買ってくれるのが不思議でもあるので、とうとうある日、思い切ってたずねてみました。

「あのう、いつも買ってもらって、ほんとうにありがたいんだけど、あの、おらの作ったわらぐつ、もしかしたら、すぐにいたんだりして、それで、しょっちゅう買ってくんなるんじゃないんですか。もし、そんなんだったら、おら、申しわけなくて――。」

すると、大工さんは、にっこりして答えました。

「いやあ、とんでもねえ。おまんのわらぐつは、とてもじょうぶだよ。」

「そうですかあ。よかった。でも、そんなら、どうしてあんなにたくさん――。」

すると、大工さんはちょっと赤くなりました。

「ああ、そりゃ、じょうぶでいいわらぐつだから、仕事場の仲間や、近所の人たちの分も買ってやったんだよ。」

「まあ、そりゃどうも――。だけど、あんな不格好なわらぐつで。」

おみつさんがきょうしゅくすると、大工さんは急にまじめな顔になって言いました。

①「おれは、わらぐつをこさえたことはないけども、おれだって職人だから、仕事のよしあしは分か

るつもりだ。いい仕事ってのは、見かけだけで決まるもんじゃない。使う人の身になって、使いやすく、じょうぶで長もちするように作るのが、ほんとにいい仕事ってもんだ。おれなんか、まだわかぞうだけど、今にきっと、そんな仕事のできる、いい大工になりたいと思ってるんだ。」

おみつさんは、こっくりこっくりうなずきながら聞いていました。自分といくらも年のちがわないこの大工さんが、なんだかとてもたのもしくて、えらい人のような気がしてきたのです。それから、大工さんは、いきなりしゃがみこんで、おみつさんの顔をみつめながら言いました。

②「なあ、おれのうちへ来てくんないか。そして、いつまでもうちにいて、おれにわらぐつを作ってくんないかな。」

おみつさんは、ぽかんとして、大工さんの顔を見ました。そしてしばらくして、それが、おみつさんにおよめに来てくれということなんだと気がつくと、白いほほが夕焼けのように赤くなりました。

③「――それから、わかい大工さんは言ったのさ。使う人の身になって、心をこめて作ったものには、神様が入っているのと同じこんだ。それを作った人も、神様とおんなじだ。おまんが来てくれたら、神様みたいに大事にするつもりだよ、ってね。どうだい、いい話しだろ。」

おばあちゃんは、そう言ってお茶を飲みました。

◇「言葉」の意味を考える

この作品には、とくに難解というべき言葉はほとんどないが、作品の理解を深めていく上で、あえてこだわっておきたい言葉を取り上げてみる。「　」は「言葉、文章」、・はその「意味」、◎は「文脈上の意味」である。

「いやあ、とんでもねえ。」
・そんなことはけっしてない。（相手の言葉を強く否定するときに使う）
◎おみつさんの「もしかしたら、すぐにいたんだりして」を強く否定している。

「まだわかぞうだけど」
・まだ経験を積むことが多くない若者
◎一人前（棟梁として独り立ちして仕事ができる）の大工になるための修業中の若者

「こっくりこっくりうなずきながら」
・そうだそうだと首をたてに何度も振る。
◎おみつさんが、大工さんの言っていることに心から共感しながら聞いている。

◇どんな「こと」かを考える
「　」は「言葉、文章」、・は「こと」への「問い」、◎は「私の考え、理解」を示す。

「おまんのわらぐつは、とてもじょうぶだよ。」
・おみつさんが作ったわらぐつが、とてもじょうぶだという「こと」が、若い大工さんにどのようにしてわかったのだろうか。
◎文章にはないが、履いてみて、確かめたのではないか。とてもじょうぶで、履きやすいわらぐつなので、とても気に入って、仕事場の仲間や近所の人たちにまで買ってやったのではないか。

「おれは、わらぐつをこさえたことはないけども、おれだって職人だから、仕事のよしあしは分かるつもりだ。」

・「仕事のよしあしは分かるつもりだ」とは、どんな仕事のよしあしの「こと」を言っているのか。

◎「おれは、わらぐつをこさえたことはないけども」と言っているので、わらぐつを作る仕事、ここではおみつさんのわらぐつを作った仕事のよしあしのこと。それがとてもいい仕事だと認めている。

「いい仕事ってのは、見かけだけで決まるもんじゃない。使う人の身になって、使いやすく、じょうぶで長もちするように作るのが、ほんとにいい仕事ってもんだ。」

・ここでのいい仕事とは、具体的にはどんな仕事の「こと」を指しているのか。

◎大工さんが言っていることは、仕事一般についてでもあるが、具体的には、おみつさんが作ったわらぐつについてである。そのわらぐつは、「使う人の身になって、使いやすく、じょうぶで長もちするように」作られている、「いい仕事」であることを高く評価している。

「おれなんか、まだわかぞうだけど、今にきっと、そんな仕事のできる、いい大工になりたいと思ってるんだ。」

・おみつさんの仕事をいい仕事だと高く評価している大工さんは、自分の大工としての仕事と、おみつさんのわらぐつ作りの仕事とを、どのように結び付けて考えているだろうか。

◎大工さんは、いい仕事のできる大工になりたいという強い願いを持っている。文章にはないが、おみつさんのわらぐつというい
い仕事に出会って、その仕事に対する尊敬の念ともいうべき思いが、大工さんの内面では動いていると想像できる。

「使う人の身になって、心をこめて作ったものには、神様が入っているのと同じこんだ。それを作った人も、神様とおんなじだ。おまんが来てくれたら、神様みたいに大事にするつもりだよ、ってね。」

・「使う人の身になって、心をこめて作ったものには、神様が入っているのと同じこんだ」と言っているのは、大工さんが職人としてのどんな「思い」や「願い」を言いたかったからであろうか。

◎いい仕事をしたいという強い願いを持っている大工さんには、心をこめて作ったいい仕事には、作った人のすばらしい心が込められていることが、はっきりと感じ取れているのではないだろうか。そのすばらしい心の働きのあとを、「神様が入ってるのと同じ」ことだと言っているのではないか。

・「神様が入っているのと同じこんだ」と言った「心をこめて作ったもの」とは、具体的にはなにを指しているか。

◎おみつさんの作ったわらぐつを指している。それがこの作品の題名ともなっていることに注意したい。

・「それを作った人も、神様とおんなじだ。」とは、どういうことを言いたいのか。

◎その人の作ったものに「神様が入っている」とするなら、それを作る人自身がすばらしい心の持ち主だというのが、この大工さんからすれば自然な考え方になるのではないだろうか。

・「それを作った人も、神様とおんなじだ。」と言っている「それを作った人」とは、ここでは誰のことを言っているのか。

◎おみつさんのこと。「おまんが来てくれたら、神様みたいに大事にするつもりだよ」と言っているつながりからも、おみつさんの心のすばらしさを神様にたとえている。

◇どんな「わけ」かを考える

「なあ、おれのうちへ来てくんないか。そして、いつまでもうちにいて、おれにわらぐつを作ってくんないかな。」

・大工さんは、おみつさんにおよめに来てほしいとプロポーズをするときに、「およめに来てほしい」と言わないで、なぜ「いつまでもうちにいて、おれにわらぐつを作ってくんないかな。」と言ったのだろうか。

◎「使う人の身になって、使いやすく、じょうぶで長もちするように」わらぐつを作っている、そんなすばらしい心の持ち主であるおみつさんに、ただおよめに来てほしいと言うだけでは、大工さんの尊敬の念を込めた愛情とでも言うべき本心が伝わらないという思いがあったからではないか。

・大工さんは、おみつさんがどこの、どんな娘さんなのかもよくわからないのに、なぜおよめに来てほしいと言ったのだろうか。

◎おみつさんの作っているわらぐつから、おみつさんのすばらしい人柄を感じ取ったからではないか。

「おまんが来てくれたら、神様みたいに大事にするつもりだよ」

・なぜ大工さんは、「神様みたいに大事にするつもりだよ」と言ったのだろう。

◎ただおみつさんを好きになったというだけでなく、おみつさんを人として尊敬する気持ちが強く働いているからではないか。

◇作品の「全体的・構造的」つながりや意味を考える

「どうだい、いい話しだろ。」

・「どうだい、いい話しだろ。」には、おばあちゃんのどんな気持ちが込められているか。

◎今はおばあちゃんであるおみつさんは、おじいちゃんである大工さんとの出会いを、すばらしい出会いだったと、今も深く思っている。

・おみつさんであるおばあちゃんは、孫のマサエに、なにを「いい話」として伝えたかったのだろうか。

◎おみつさんの作ったわらぐつを何度も買いにくる中で、それを作ったおみつさんの心のすばらしさにひかれ、将来そういういい仕事をしたいと強く願っている大工さんと、そんな大工さんをたのもしく思うおみつさんと、二人の心が通い合っていく。そうした深い心の触れ合いある出会いのすばらしさを、おばあちゃんは孫のマサエに伝えたかったのではないか。

◇「子どもたちにとくに追求させたいこと」

この作品を深く読み取っていくことができるように、とくに子どもたちが次のような「問い」と、その「問い」に対する「私の考え」を作ることができるように援助したい。

・「大工さんは、どうしておみつさんの作ったわらぐつを、いい仕事だと思って、何度も買いにきたのか。」

◎大工さんがよく見て確かめただけでなく、「おまんのわらぐつは、とてもじょうぶだよ」と言っているように、実際に履いてみて、よくできているわらぐつであることをわかっていたからではないか。ただ見ただけでは、大工さんが、おみつさんのわらぐつについて、「いい仕事ってのは、見かけで決まるもんじゃない。使う人の身になって、使いやすく、じょうぶで長もちするように作るのが、ほんとのいい仕事ってもんだ。」という判断には結び付かないことに気づかせたい。

・大工さんが「使う人の身になって、心をこめて作ったものには、神様が入ってるのと同じこんだ。それを作った人も、神様とおんなじだ。」と言っていることには、物づくりに対する大工さんのどんな気持ちが込められているのか。

◎「使う人の身になって、使いやすく、じょうぶで長もちするように作るのが、ほんとのいい仕事ってもんだ。おれなんか、まだわかぞうだけど、今にきっと、そんな仕事のできるいい大工になりたいと思ってるんだ。」に表れているように、大工さんは、どんな仕事がいい仕事かについての自分の考えをはっきり持っていること、そしてまたそういういい仕事をする人の心のすばらしさに対する尊敬の気持ちと同時に、いい仕事への強いあこがれの気持ちを持ってることをおさえさせたい。

それを踏まえて、おみつさんの作ったわらぐつへの「いい仕事」という尊敬の念から、大工さんの気持ちが、すばらしい心を持っているおみつさんと結婚したいという気持ち、愛情にまで深まっていることに気づかせたい。

・おばあちゃんが、話の最後に「どうだい、いい話しだろ。」といったことばには、どんな思いが込められているか。

◎おばあちゃんが大工さんとのすばらしい出会いがあったことだけでなく、「使う人の身になって、心をこめて作った」わらぐつを通して、作った人の心のすばらしさを深く感じ取って、お嫁さんに来てほしいといった大工さん、「おまんが来てくれたら、神様みたいに大事にするつもりだよ。」とまで言っている大工さんのおみつさんに対する思い（恋愛感情だけではない、人間への深い尊敬の念、敬愛の念とでも言うべきもの）に迫らせたい。

◇「吟味が必要となると予想される点はなにか」

子どもたちの「問い」と「私の考え」について、吟味が必要となると予想されるのは、次のような点ではないかと考える。「問い」と「私の考え」が十分に深まっていて、その必要のない場合も予想されるが、追求してほしいところまで深まっていかない場合を想定して、その対応を以下のように考えたい。

・「いい仕事ってのは、見かけだけで決まるもんじゃない。」

◎「いい仕事」と大工さんがここで言っているのは、仕事一般についてだけではなく、具体的におみつさんが作ったわらぐつを指していることを見落とさないように注意させたい。

・大工さんが「おれだって職人だから……」の話をおみつさんがどう聞いているか。

◎「こっくりこっくりうなずきながら聞いていました。」に、おみつさんが大工さんの話に深く共鳴していること、ここに二人の心の通い合いがあることを読み取っているかに気をつけたい。

・「使う人の身になって、心をこめて作ったものには、神様が入ってるのと同じこんだ。それを作った人も、神様とおんなじだ。」

◎「それを作った人も、神様とおんなじだ」とは、わらぐつを作ったおみつさんも、「神様とおんなじだ」と大工さんが言ってることだと読み取っているかどうか。

・「どうだい、いい話しだろ。」

◎これは、おばあちゃんが孫のマサエに言った言葉。それまでのおじいちゃんとの出会いの話と、その話をし終えてからマサエにおばあちゃんが語りかけている場面との違いに気づいているか。この言葉で、おばあちゃんはマサエになにを伝えようとしているか、それを「問い」として立てることが必要だと考えているかどうか。

(2) この作品はどのように読み取られてきたか

検討に値する授業記録が少ないので、少し古いが、二つの実践の報告をもとに、この教材での授業が、どのような学習課題を立てて追求されているかを検討しておきたい。その一つは、A 井上喜代佳「生き生きと読ませるための指導の工夫」(『範例 国語科授業の実践記録③』『実践国語研究』別冊 一九八四年、明治図書)。もう一つは、B 川野理夫『小学校文学作品の授業』(一九八三年、あゆみ出版)に収録されている記録である。作品の本文①②③に対応させて、それぞれどのような授業が行われているか紹介してみる。

Aでは、子どもたちに、心に残った話し合いを深めたいところをグループごとに選び出させ、それについての意見を発表させている。子どもたちが発表したことについて、授業者がその考えの根拠を確かめたり、子どもたちの考えをさらに深めるために、それを吟味したりする働きかけはとくに行っていない。Bでは、授業者の発問を中心に授業が進められているが、子どもたちの意見を授業者がまとめる形で、段落ごとの読み取りが進められている。しかし、文章に即して、登場人物の考えや思いを掘り下げていくような働きかけは行われていない。

①②③の場面について、A、Bでそれぞれ授業がどのように進められているか、子どもたちの主な発言をあげてみる。

①子どもたちの考え

A・大工さんは、自分の生き方をおみつさんにわかってもらいたかったんだ。

・働き者の大工さん、自分の仕事にほこりを持っている若者、かっこいいんだ。

B・「おれだって職人だから、仕事のよしあしは分かるつもりだ。」っていってるだろう。大工さんのは、ちょっと思ったり、ちょっと気づいたことじゃなくて、長い間かかって、分かったことなんだがね。

・「見かけで決まるもんじゃない」とか「ほんとにいい仕事ってもんだ」って、自信を持って言ってるがね。

(問題点：大工さんが言っている「仕事のよしあし」は、仕事一般についてだけでなく、具体的にはおみつさんの作ったわらぐつについてであることに気づいていない。また、大工さんは、いい仕事ができる大工になりたいという強い願いを持っているが、自分の仕事にほこりや自信を持っているとまでは読み取ることはできない。）

②子どもたちの考え

A・なし

B・おみつさんが、「こっくりこっくりうなずいて」いっしょうけんめいに聞いてくれたがね。それだし、「なんだかたのもしく、えらい人のような気がして」聞いてくれているんだろう。だから、よし、いま思い切って言っちゃおうって、そう思って、いきなりしゃがみこんだと思うよ。

（問題点：ここで子どもたちに追求させたいことは、おみつさんが大工さんをどう思っているかだけではなく、なぜ大工さんは、おみつさんにおよめに来てくれと言ったのかではないだろうか。）

③子どもたちの考え

A・ちょっとオーバーだよ。なかなか神様みたいにというわけにはいかないよ。

・なんとしても、およめにほしいんだ。

B・なし

（問題点：この作品の題名にもなっている「神様」が大工さんのどんな思いから導き出されているか、おみつさんが作った「わらぐつ」とのかかわりが取り上げられていない。したがって、大工さんがなぜ「神様みたいに大事にする」といったかは、追求の課題になりようがない。また、おばあちゃんが「どうだい、いい話しだろ」と言ったことは、大工さんがおみつさんにおよめに来てほしいと言ったこととどんなつながりがあるか、そこにおばあちゃんのどんな思いが込められているかが、全く課題となっていない。）

こうして検討してみると、二つの実践記録とも、文章に即して作品を読むという作業がほとんど行われていないことが明らかになってくる。文学作品の授業には、このように、文章をていねいに読み取る作業がほとんど行われず、子どもたちのその場かぎりの思いつき的な発想を取り上げるだけで授業が進められている例が圧倒的に多い。もとよりこうした授業の貧しさは、子どもたちの責任ではない。授業者の教材研究能力、より具体的には教材を読み深めるための「問い」の貧しさの反映にほかならないのだが、こうした授業の実態は、国語教育の問題を超えて、子どもたちの思考力、文章理解力、さらには表現力の形成に重大な障害となっていることを、はっきりと認識しておきたい。

2 『山月記』を読み解くための四つのステップ

(1) 李徴《りちょう》を虎に変えたものはなにか

『山月記』（中島敦）は、高校の多くの国語（現代文）教科書に、長期にわたって掲載されてきた作品である。また、入試の問題にもしばしば採用されてきた。よく取り上げられる作品でありながら、その作品の解釈に見るべきものが少ないのはどうしてであろうか。先にも述べたように、「問い」の貧困を含めて、文章を的確に理解していくための読みの理論と方法が、日本の国語教育においてまだまだ未成熟であるからにほかならないと考える。

『山月記』は、中学生にぜひ読ませたい作品として、中学校校の国語教科書の「読書案内」にも取り上げられてきた（『新しい国語３』平成十三年版、東京書籍）。しかし『山月記』は、現在の国語教育では、中学生たちがこの作品を読みこなす力量を身につけているとはとうてい考えられず、高校生にとってさえも、大変難解な作品であるという定評があるようである。たしかに、読んで漠然とした印象で終わるのではなく、納得できる確かなものをとらえようとすると、そう簡単には見えてこない作品の奥深さを感じさせる。

しかし、すでに述べてきたように、四つの「問い」の枠組みを踏まえて、言葉、事柄、全体の関係、関連をていねいにたどっていくなら、中学生にとってもそれほど理解の困難な作品ではないはずである。すぐれた作品であればあるほどしっかりとした布石があり、構造があって、それを読み落とさずに理解を積み重ねてさえいくなら、十分に作品の核心に迫っていくことができると考える。

それでは、一見難解に見えるこの作品の奥襞《ひだ》を開いて、作品の魂とでもいうべきものに触れるようとするなら、なにを「問い」、追求し、読み解くべきであろうか。確かな理解を創り出していくためには、そのための着実なステップがどうしても必要になる。作品全体を取り上げ、その全体構造まで掘り下げる余裕はないので、李徴がこれまでの自分の生き方を省みて、なぜ虎になってしまったのか、そしてまた自分の才能をいかに空費してしまったかを、「胸を灼かれるような」痛恨の思いで語る次の文章を読んで、文章理解を進めていくためのステップとしての「問い」と、それに対する「私の考え、理解」を参考までに示してみよう。どんな「問い」を立てるかによって、作品への追求のしかたと結果としての理解がどのように方向づけられることになるか、それを具体的に示してみたい。

作品を読んでいればことさら必要のないことではあるが、作品全体にわたる構造的な問題にも触れたいので、私の作品理解にもとづいた「粗筋」を述べておく（中島敦『李陵・山月記』新潮文庫版による）。

隴西《ろうさい》の李徴は博学才穎、唐の玄宗の時代に、若くして科挙《かきょ》の試験に合格し、進士となり、江南の県の警察の役人となるが、その性が頑《かたく》なでしかも自尊心が強く、下級の官吏に甘んずることを潔しとしなかった。まもなく官を退いて、人との交わりを断って、ひたすら詩作に耽った。詩家としての名声を、死後百年に残そうとしたのである。しかし、文名は容易に揚がらず、生活にも困窮し、ついに節を屈して再び一地方官となった。これは、己の詩業に半ば絶望したためでもある。

官吏となったものの、かつて歯牙にもかけなかった鈍物《どんぶつ》の命に従わなければならないことは、李徴の自尊心をいっそう傷つけ、心満たされず、元来の人に逆らうような性質はますます激しいものになっていった。そしてついに発狂し、旅先の宿から姿を消してしまう。李徴は狂気のあまり虎になってしまっていた。

その虎になった李徴に、かつての友人であった袁傪《えんさん》が山中で出会う。李徴は袁傪に、今は虎になってしまった自分の苦衷を切々と訴える。そして、生活を破綻させ、心狂わせるほど執着して作った詩の一部でも後代に伝えることができなければ、死んでも死にきれないと語りかけ、自分の記憶をたよりにおよそ三十編の詩を朗詠し、その伝録を依頼する。

自作の旧詩を朗詠し終わって、今の心境を即席の詩として述べた後で、李徴はなぜ自分が虎になってしまったかを語りだす。そして、最後に、妻子が生活に困窮することのないよう計らってほしいと袁傪に懇願し、二声三声咆哮して草むらに姿を消す。

以下に、李徴はなぜ自分が虎になってしまったかを語る場面だけを引用する。

　何故こんな運命になったか判らぬと、先刻は言ったが、しかし、考えように依れば、思当たることが全然ないでもない。人間であった時、己は努めて人との交わりを避けた。人々は己を倨傲《きょごう》だ、尊大だといった。実は、それが殆ど羞恥心に近いものであることを、人々は知らなかった。勿論、曾ての郷党の鬼才といわれた自分に、自尊心が無かったとは云わない。しかし、それは臆病な自尊心とでもいうべきものであった。己は詩によって名を成そうと思いながら、進んで師に就いたり、求めて詩友と交わって切磋琢磨に努めたりすることをしなかった。かといって、又、己は俗物の間に伍することも潔しとしなかった。共に、我が臆病な自尊心と、尊大な羞恥心との所為である。己の珠《たま》に非《あら》ざることを惧《おそ》れるが故に、敢えて刻苦して磨こうともせず、又、己の珠なるべきを半ば信ずるが故に、碌々《ろくろく》として瓦に伍することも出来なかった。己は次第に世と離れ、人と遠ざかり、憤悶《ふんもん》と慙恚《ざんい》（ママ）とによって益々己の内なる臆病な自尊心を飼い太らせる結果になった。人間は誰でも猛獣使いであり、その猛獣に当たるのが、各人の性情だという。己の場合、この尊大な羞恥心が猛獣だった。虎だったのだ。これが己を損ない、妻子を苦しめ、友人を傷つけ、果ては己の外形をかくの如く、内心にふさわしいものに変えて了《おわ》ったのだ。今思えば、全く、己は、己の有（ママ）っていた僅かばかりの才能を空費して了った訳だ。人生は何事をも為さぬには余りにも長いが、何事かを為すには余りに短いなどと口先ばかりの警句を弄しながら、事実は、才能の不足を暴露するかも知れないとの卑怯な危惧と、刻苦を厭《いと》う怠惰とが己の凡てだったのだ。己よりも遥かに乏しい才能でありながら、それを専一に磨いたがために、堂々たる詩家となった者が幾らでもいるのだ。虎と成り果てた今、己は漸《よう》くそれに気が付いた。それを思うと、己は今も胸を灼かれるような悔いを感じる。（以下略）

(2)「言葉」からどんな「こと」「わけ」かを追求する

①「語義」とその「文脈上の意味」を考える

『山月記』には、全文にわたって、日常はあまり目に触れないような漢語がふんだんに用いられている。その意味を辞書で確かめる必要があることはいうまでもない。しかし、内容が人間の心の内奥の機微にかかわるものであるだけに、作家自身が言葉の選択には心血を注いでいることに十分に留意したい。また辞書の語義も一般的でない、具体的な行動や感情を想起しやすいもの、文脈上の意味に結び付きやすいものを探し出すようにしたい。たとえば、「恐れ」ではなく、なぜ「惧れ」なのかに注意したい。また「羞恥心」の語義は、「恥ずかしく思う心」（広辞苑・第四版）よりは、「（外から受ける恥辱と違って）内から沸き上がってくるような恥ずかしさ」（新明解国語辞典・第五版）を選びたい。

以下に、まず私が選んだ語義と、それを踏まえて考えた「文脈上の意味」を一部だけ示す。

「言　葉」	「語　義」	「文脈上の意味」
・倨傲《きょごう》	・「自分が偉いと思って他人を見下した態度をとる」意の漢語的表現	・「努めて人との交わりを避けた」李徴の態度に対する人々の評価
・羞恥心	・〔外から受ける恥辱と違って〕内から沸き上がってくるような恥ずかしさ	・「努めて人との交わりを避けた」李徴の内心、本心をさす
・臆病	・〔気が小さかったり、心配性であったりするため〕必要以上に用心深くなり、十分に事態に対処できない様子	・自分の〔才能の不足が暴露すること〕を心配しすぎて、才能を磨くことに専念できないこと
・惧れる	・惧は懼の異体字、懼はおそれる、びくびくすること、目をおどおどと動かす（学研漢和大字典）	・「己の珠に非ざること」がいつ暴露されるかと、びくびく、おどおどしていること
・憤悶	・心の中でもだえいきどおること（広辞苑）	・詩人として名を成すことができず、もだえいきどおること
・慙恚（原文）	・恥じて恨み怒ること（広辞苑）	・自分の思い通りにならないことで、誰にもぶつけようのない恥かしい気持ちと不満、怒り

・卑怯な危惧

・勇気に欠けていたり、やりかたがずるかったり、ほめられた状態ではない様子（気持ち）、それからのとても感心できない惧れの気持ち

・ここでは才能の不足の暴露を惧れ、自分を才能のある人間と思われたいばかりに、人と交わり、切磋琢磨しようとしなかったこと

（出典明示以外は「新明解国語辞典」三省堂）

②どんな「こと」かを考える

「言葉」は、何事かの「こと」や「わけ」を私たちに語りかける。文章を読み、理解していくためには、その語りかけの持つ意味はなにかを、自分の知識の中で探り、自分の解釈、理解を作る作業を丹念に進めていかなければならない。

どんな「こと」かの「問い」を立てるときは、まず文章の記述に即して立てるのが原則である。それに対する「私の考え、理解」を作るにあたっては、あまり狭い範囲の記述だけにとらわれず、前後の関係を十分に踏まえて、関連性のあるものにしたい。たとえば、「己の珠に非ざることを惧れるが故に」は、そこまでの文脈では、李徴がどういう人に対して、またなぜ「惧れ」なければならなかったのかをたどることはできない。その後に「事実は、才能の不足を暴露するかも知れないとの卑怯な危惧」の文章に出会うに至って、初めて「惧れ」の実態がなにかが見え始めてくる。「問い」と「理解」は、固定化せずに、何度も往復運動をして、より適切で妥当性のあるものにするよう心掛けたい。

以下、最初の「　」は『山月記』の文章、・は問い ― どんな「こと」か、◎は私の考え、理解である。

「己は努めて人との交わりを避けた。」
・どのように「交わり」を避けたのか
◎「師についたり、詩友と交わる」ことを避けた。また、「俗物の間に伍する」ことも避けた。

「しかし、それは臆病な自尊心とでもいうべきものであった。」
・「臆病」とは、李徴のどんなところをさすのか
◎後で述べられる「己の珠に非ざることを惧れる」、「才能の不足を暴露するかも知れないとの卑怯な危惧」をさす。自分に詩人としての才能が不足していることが、暴露されることを極度に惧れるあまり、人と交わることもできない。
・「臆病な自尊心」とはどういうことをさしているか
◎才能の不足を自覚していながら、半ば自尊心を捨てきれないからこそ、自尊心が傷つけられるような「才能の不足」が暴露されることを惧れ、いっそう、人との交わりに臆病になる。

「尊大な羞恥心との所為である。」
・「尊大な羞恥心」とはどういうことをさしているか
◎自分に詩の才能があると信じたい気持ちがある一方で、才能の不足が暴露されることを極度に惧れて

いるため、尊大であるような言動をとる。内心ではいつも暴露されはしないかと惧れ、暴露されたときの恥ずかしい気持ちを想うと、心を開くことができない。それが倨傲、尊大に見える。

・「臆病な自尊心」と「尊大な羞恥心」という、一つの表現ではなく、あえて二つの表現を重ねている意味はなにか

◎複雑に屈折している李徴の内面を、一つの表現では表しきれなかったからではないか。しかし、この表現だけでは、なぜ才能の不足が暴露されることを極度に惧れていたのか、李徴の内面にある問題がなにかは明らかにならない。

「人間は誰でも猛獣使いであり、その猛獣に当たるのが、各人の性情だという。」

・「人間は誰でも猛獣使いであり」とは、どういうことを意味しているか

◎人間は誰でも、それぞれの心の内に猛獣のようなはげしい「性情」を持っているが、猛獣使いのようにそれを（自分に害にならないように）飼い馴らして生活している。

「己の場合、この尊大な羞恥心が猛獣だった。虎だったのだ。」

・李徴は「尊大な羞恥心」という「猛獣」の猛獣使いになることができたのか。

◎「益々己の内なる臆病な自尊心」、つまり「猛獣」を手に負えないほど「太らせる結果」となってしまったので、自分自分で制御できなかった、つまり猛獣使いとなることができなかった。

「己は、己の有っていた僅かばかりの才能を空費して了った訳だ。」

・「僅かばかりの才能を空費」したとは、どういうことをさすか

◎少しは才能があり、それを信ずる気持ちがあっても、才能の不足の暴露を惧れるあまり、人と交わって切磋琢磨し、自分を磨く努力をしなかったので、詩人としての能力を発揮できなかった。

「才能の不足を暴露するかも知れないとの卑怯な危惧」

・李徴の「才能の不足を暴露する」可能性があるとすれば、それはどんなときか。また、それは誰によってか。

◎李徴の詩の才能が問題となるのは、李徴の自作の詩が人の目、それも詩をよく解る人たちの目に触れたときというべきであろう。だから李徴は師についたり詩友と切磋琢磨することを「努めて避けた。」

③どんな「わけ」かを考える（一部だけをあげることとする）

「己の珠に非ざることを惧れるが故に、敢えて刻苦して磨こうともせず…」

・なぜ「敢えて刻苦して磨こうとも」しなかったのか

◎才能がそれほどないことを自覚していたから、それが人に知られることを惧れ、あえて努力をして（詩作の）力を磨こうともしなかった。（自分の詩作を公表などして、人に才能の無いことが知られることを極度に惧れた。）

「益々己の内なる臆病な自尊心を飼い太らせる結果になった。」
・なぜ「飼い太らせる結果」となったのか
◎人との交わりを絶ち、しかも詩人として文名も揚がらず、充たされぬ思いで、「憤悶と慙恚」の日々を送っていることが「飼い太らせる結果」となった。

「事実は、才能の不足を暴露するかも知れないとの卑怯な危惧……」
・李徴は、なぜそれほどまでに自分の才能の不足が暴露することを惧れたのか
◎文章上にそれを判断できる直接的な手掛かりはない。詩人として名を残したいという思いが示すように、他人に自分を高く評価されたい、有名になりたいという思いがあまりにも強烈だったからではないか。

「己よりも遥かに乏しい才能でありながら、それを専一に磨いたがために、堂々たる詩家となった者が幾らでもいるのだ。虎と成り果てた今、己は漸くそれに気が付いた。」
・李徴は、なぜもっと早くそのことに気づけなかったのだろうか
◎人間であった時、「才能の不足を暴露」することを惧れるあまり、人とも交わらず、また切磋琢磨せず、他の人間の内面にまで目を向ける余裕が、李徴にはまるでなかったからであろうか。

(3)『指導書』にみる理解の貧困が意味するもの

これまで、私自身の「問い」と「私の考え、理解」を「ことば」「こと」「わけ」に分けて示してき

た。しかし、こうした理解の進め方が、これで十分であるとは考えてはいない。まだまだ検討の余地が残されているだろう。よりすぐれた理論や方法に学びたいのだが、残念なことに、確かな文章理解の理論にも、方法にも、いまだに出会うことができないのである。

一般に行われている文章理解とはどのようなものであるか、その理解の貧困を証明するような事例を、『山月記』の教師用『指導書』（大修館）の記述に見てみよう。

先にあげた『山月記』の李徴が自分のこれまでの生き方を省みて、なぜ虎になったかをかつての友人に語りかける場面では、「臆病な自尊心」「尊大な羞恥心」という、李徴の内面の屈折を端的に表すような言葉が使われている。この言葉は、この作品全体の理解にかかわるキーワードともいうべき重要な意味を持つものだと考えるが、この言葉について、『指導書』には次のような解説がされている。

羞恥心／恥ずかしく思う心。「努めて交わりを避けた」のは、「俗物の間に伍することも潔しとしなかった」ためで、これが「尊大な羞恥心」にほかならない。

臆病な自尊心／自分の内面や実力を人に示すことを恐れ、それでいて自分の詩作の才能に、相当なものだと自信を持っている心の働き。

先に「私の考え、理解」に示したように、李徴が「交わりを避けた」ことが、人々からすれば「倨傲」「尊大」に見えた。しかし、彼の内面では、それは「実は、羞恥心に近い」ものであり、またそれは「臆病な自尊心ともいうべきものであった」。この「羞恥心」や「臆病」は、いったいなににによるものであろうか。「羞恥心」は「内から沸き上がってくる恥ずかしさ」であり、人から辱めを受けることからくるものではない。内心からの恥ずかしさは、李徴自身に原因があるからである。

この内なる「羞恥心」のために、「努めて交わりを避け」ざるをえなかった人々とは誰であろうか。まず李徴が最初にあげているのは、詩作の上での師や詩友である。この後で李徴が、「才能の不足」が暴露されることをいかに「惧れ」ていたかを語っていることと合わせて考えるなら、李徴に「羞恥心」を抱かせる可能性のある人間は、まず詩作の上での師や詩友となるべき人々以外には考えられない。

「俗物と伍することを潔しとしなかった」のは、彼の「羞恥心」とは全く関わりないことである。李徴は、俗物に対しては、「曾ての郷党の鬼才」といわれた自尊心から「伍することを潔しとしなかった」のであり、李徴が「内心から沸き上がってくる」ような「羞恥心」を「俗物」に抱くべき必然性はどこにもなかったはずである。

李徴は「僅かばかりの才能」とも言っているから、一定の才能のあることを自分でも認めていることは確かである。しかし、その才能が十分に磨かれず、まだまだ不足していることを自覚していたからこそ、その才能を「空費して了った」ことに「胸を灼かれるような悔いを感じ」ているのである。『指導書』がいうように、「自分の詩作の才能に、相当なものだと自信を持っている」なら、李徴はどうして才能の「空費」と「刻苦して磨こうとも」しなかったことを後悔する必要があっただろうか。

ちなみに、『指導書』には、「自分の内面や実力を人に示すことを恐れ」(『山月記』では「恐れ」ではなく、「惧れ」である)たのはなぜかの解説もないし、「才能の不足」の「暴露」への「危惧」についても、全く解説されていないことを付け加えておく。

李徴は、「名を死後百年に遺す」ような大詩人を目指して、官を辞し、詩作に耽った。しかし、文名は揚がらず、生活にも困窮し、再び地方官となった。それは「己の詩業に半ば絶望したためでもあった」。彼は、自分の詩人としての「才能の不足」を十分に自覚していた。しかし、その「才能の不足」の暴露を「惧れる」あまり、師や詩友と交わって、自分の才能を磨くことができなかった。李徴がなぜそれほどに才能の不足の暴露を惧れ、人に心を開くことができなかったのかは、この作品理解の中心的な課題であるが、『指導書』は、ほとんど作品の内面世界に深く触れることができず、狭い文脈の中で、つじつま合わせのような解釈をしているにすぎない。「問い」の貧困を物語る以外のなにものでもないであろう。

この作品で、高校二年生に授業を試みたときの感想の一部を紹介しておきたい。


私はいままで文章を読むとき、勝手に考えを飛躍させてしまっていたため、難解なものを読んでいると、だんだん訳が分からなくなってしまっていた。しかし、先生の授業を受けて、難解な文章でも、その文章の周辺にヒントがあって、さらにそこから発展させていけば、つかめるということが分かった。これからは、自分勝手に読んでいくより、文中の一つ一つの語に注目して読んでいきたいと思う。

（横浜市私立女子高校　二年生）


授業を受けているとき、自分が生徒という立場ではなく、研究者にでもなったような気がしました。

一つの文章に対して、「この部分はここに関わっている」などと、深く考えたことはなかったし、「問い」を自分で考えつつ読むこともあまりなかったので、新しい文章の読み方を発見したな、というのがとても印象的でした。

（横浜市私立女子高校　二年生）

以前学校の授業で習ったときは、『山月記』は「遠い異国の物語り」でしかなかったのですが、あらためて勉強していると、李徴が自分と重なるところがあり、とても身近に感じられ、面白かったです。

（横浜市私立女子高校　二年生）

第4章　文化遺産との出会いを大切にしよう

世界には、そして日本にも、たくさんのすばらしい文化遺産がある。それをあれは有名ななんとかだといった程度の通り一遍の知識を持つだけで終わってしまうのは、実にもったいない。たとえ一つか二つかにすぎないとしても、その文化遺産が生み出されてきた背景までたどって、そこに人々のどんな思いや願いが込められているかに触れるまで、出会いを深めていきたいものである。そうした遺産の奥襞に触れる出会いをしていくとき、それまで見えていたものと全く違うものとして見え始め、その存在感に圧倒されるような思いを何度か経験してきた。たとえばそれは、私にとって、唐招提寺の鑑真《がんじん》像であり、奈良東大寺の大仏、盧舎那仏《るしゃなぶつ》である。

周知のように、聖武天皇は、仏教の力によって世の中が安らかとなり、仏の力があまねく世界に及んであらゆるものが繁栄することを願って、諸国に国分寺と国分尼寺を建て、その中心となる奈良の都の東大寺には盧舎那仏の大仏を建立した。その完成まもない七五四年、東大寺大仏殿の前に壇を築き、日本最初の正式な授戒《じゅかい》の儀式が、聖武上皇、光明皇后、孝謙天皇ほか四百数十人が参列して執り行われている。授戒というのは僧侶になるための正式の作法のことで、このときその儀式を行ったのが鑑真である。それまで日本には、授戒の儀式を執り行える授戒師はいなかった。鑑真の渡来によって、それが初めて行えることになったのである。

大仏は、創建当時のままではないが、千余年を超えて大切に守られてきている。また、七六三年、鑑真が七六歳で亡くなる少し前に造られたと考えられている鑑真像も、いま、大仏と同じように、大切な国宝として私たちに残されている。

大仏は、なぜ盧舎那仏でなければならなかったのか。また、高さ十六メートルもの大きさでなければならなかったのか。そこに、聖武天皇のどんな願いが込められていたのだろうか。また、鑑真像は、鑑真の示寂《じじゃく》がまもないことを感じた弟子の忍基《にんぎ》という僧が、多くの弟子たちとともに造ったといわれる。弟子たちはどんな思いで、まもなくこの世を去るであろう師の像の表現に精魂を傾けたのであろうか。

そんな思いを持ちながら、子どもたちに、目に見えているものの奥にあるものはなにかまで考えてほしいと願って、授業を何度か試みてきた。

I 「鑑真像」が問いかけるもの

1 社会科の教科書に見る「鑑真」

小学校六年の社会科の教科書（『新しい社会六上』東京書籍、平成十六年検定済）に、鑑真は次のように取り上げられている。教科書の本文中には、「また、聖武天皇は、日本正式の仏教を広めるために、中国から鑑真というすぐれた僧を招きました。」とだけあり、鑑真像の写真の下に、鑑真について次のように解説されている。

初め聖武天皇は、鑑真に、弟子の中から日本にわたってくれる僧をすいせんしてくれるようにたのみました。しかし、日本への航海がきけんなことを知っている弟子たちは引き受けませんでした。それを知った鑑真は、自分が弟子を連れて日本にわたる決心をしました。しかし、何回も失敗し、そのときの苦労がもとで、とうとう目が見えなくなってしまいました。それでも、鑑真の決心はかたく、最初の計画から十二年たった六回目に、ついに成功しました。鑑真は、仏教だけでなく、薬草の知識を広めるなど、大きな活やくをしました。

ここには、なぜ鑑真が五度も失敗し、目が見えなくなってまでも日本に来ようとしたのか、その理由は書かれていない。

小学校学習指導要領「社会」「第六学年」の「内容の取扱い」には、「児童の興味・関心を重視し、取り上げる人物や文化遺産の重点の置き方に工夫を加えるなど、精選して具体的に理解できるようにすること」とあり、人物については、「例えば、次に掲げる人物を取り上げ、人物の働きや代表的な文化遺産を通して学習できるように指導すること」として、取り上げるべき人物が列挙されている。その中に、聖武天皇、鑑真の名もあげられている。こうした学習指導要領の記述からすれば、聖武天皇と大仏とのかかわりとともに、鑑真の来日とすぐれた文化遺産としての鑑真像とは、「文化遺産を通して学習できる」もっともふさわしい学習課題ということができるのではないだろうか。

中学校の社会科の学習指導要領の「歴史的分野」では、とくに人物を取り上げることにはなってはいないが、教科書（『新しい社会　歴史』東京書籍、平成十七年検定済）には、小学校の教科書と同じように、鑑真像の写真の下に、次のような短い人物紹介が加えられている。

> 鑑真（六八八〜七六三）は、日本にわたろうとしてなんども遭難し、盲目になりましたが、遣唐使にともなわれて来日し、正しい仏教の教えを広めました。

ここにも、何度もの遭難にかかわらず、なぜ日本に来ることをあきらめず、その願いを果たしたのかについては述べられていない。

小学校の指導要領にあるように、「精選して具体的に理解できるように」、鑑真の「働き」や「文化遺産」とのかかわりを指導するとなると、授業者には、鑑真の生涯に深く立ち入った教材研究が必要となることはいうまでもない。しかし、授業に取り組むにあたっては、鑑真が日本で果たした役割についてある程度触れるとしても、もっと大事に扱うべきことは、鑑真が五度の失敗にもかかわらず、なぜ来日の志を捨てず日本にやってきたのか、その思いの深さを子どもたちにどう考えさせるかではないだろうか。子どもたちを、弟子たちが造ったといわれるすぐれた文化遺産としての鑑真像とじっくり対面させて、鑑真の思いがこの肖像にどのように表現されているかを受け止めさせたい。

2　日本へと鑑真を突き動かしたものはなにか

鑑真が五度もの失敗をし、失明してもなお命懸けで日本に行く志を変えなかったということはどういうことだったのか、その志の深さを知るためには、五度にわたる渡航の失敗とはどのようなものであったかを確かめておく必要がある。『東征伝絵巻』(『日本の絵巻十五』中央公論社)の「詞書」と安藤更生『鑑真』(吉川弘文館)を手掛かりに、その苦難のあとをたどってみることとする。

天平四年(七三二)、唐から授戒の師僧を招くという任務を帯びて、遣唐使船で入唐した栄叡《ようえい》と普照《ふしょう》の二人の留学僧が、はじめて鑑真に会って日本への伝法を請うたのは、入唐から九年も後のことであった。最初、栄叡と普照は、直接鑑真その人ではなく、弟子の中から適当な人物を推挙してもらえるよう鑑真にお願いをした。それを受けて、鑑真は弟子たちに向かって「今、我が同法の衆の中に、誰かこの遠請に赴きて伝法すべきや」（『東征伝絵巻』詞書）と問いかけたが、誰一人として答えるものがなかった。しばらくして、祥彦という僧が進み出て、「日本の国ははなはだ遠く、百回に一回もたどり着くことが難しい。まだ修行の途中でいまだに道を究めていないから、誰もそれに答えることができないのです。」（「詞書」意訳）と言った。これを聞いて鑑真は、「これ、法事の為なり。何ぞ身命を惜しまん。諸人行かずんば、我則ち去らん。」（「詞書」）と述べたという。ここから、鑑真の十二年にも及ぶ、来日までの苦難の旅が始まるのである。

七四三年、鑑真五十六歳、船を準備し、食料を整えているときに、弟子の間で争いが起こった。道杭《どうこう》という僧が、高麗僧如海《じょかい》は学行ともに欠けているので、日本に行くべきではないと言ったので、如海は怒って、道杭が船を造り、五百人もの海賊と一緒になって街（揚州）を襲おうとしていると役人に誣告《ぶこく》してしまった。そのため、日本の二人の僧までが捕らえられ、投獄されてしまったのである。如海の誣告がわかって、日本の僧たちが解放されたのは、四か月たってからのことであった。こうして最初の渡航の試みは、船出する前に失敗してしまったのである。

やっとのことで自由の身となった二人の日本の僧たちは、再び来日について鑑真と相談をした。役人たちは、鑑真の渡航を警戒している。鑑真は、日本の僧たちに、「心配しなくてもよい。私が何らかの方法で、あなたたちの本望を遂げさせるようにしよう。」（「詞書」意訳）といって、さっそくその準備に取り掛かった。

七四三年十二月、鑑真は、食料のほか、仏像、経典、仏具、薬品など、たくさんの貴重品を用意し、僧侶十七人のほか、画家、彫刻家など総勢八十五人で船出をした。ところが、揚子江を下り、狼溝《ろうごう》の浦というところに来たところで、烈しい風に吹き付けられ、船は岩にぶつかって壊れてしまった。それでもあきらめず、この浦で船を修理し、一か月ほど順風を待って船を進め、桑石山という島に着こうとすると、またまた急に烈しい風波にさらされ、港に停泊できず、船は岩にぶつかり大破してしまった。これが二度目の失敗である。

やっとのことで本土にたどり着いた一行は、寧波に近い阿育王寺という寺に止宿することになった。鑑真のうわさを聞いた近隣の寺が、鑑真を招いて、律の教えを請い、また授戒を求めてきた。ところが、その寺の僧たちが、鑑真一行が日本に行こうとしていることを知り、日本の僧が鑑真をそそのかして日本に密航しようとしていると、州の役人に告げてしまった。そのために、日本の僧、栄叡はまた捕らえられ、都にまで護送されることになってしまった。三度目の挫折である。

それでも鑑真は渡航をあきらめなかった。病気を理由にほどなく釈放された栄叡が戻ってくると、すぐに次の準備に取り掛かった。福州で船を買い求め、着々と準備を進めていった。ところが今度は、鑑真の高弟の一人である霊祐《りょうゆう》という僧が、鑑真の身を案じて渡航を止めさせようとして、密航の計画があることを役人に知らせてしまった。そのため、一行全員が捕らえられ、その行動は役人に厳しく監視されることになった。四度目の失敗である。

鑑真が五度目の渡航計画に取り掛かったのは、四度目の失敗から四年たった七四八年、鑑真六十一歳のときである。同行の僧二十五人を伴って、揚州の新河から洋上に出ると、烈しい風のため十四日間も流され、船はついに海南島まで漂流してしまう。五度目の失敗である。

海南島から本土に戻った翌年の七五〇年、長い間鑑真とともに行動をともにし、日本への渡航を目指してきた栄叡が病に倒れ、志半ばにしてこの世を去ってしまう。死を目の前にして、栄叡は泣く泣く

「和尚を伝戒の師として日本にお招きする志は片時も忘れないできましたが、その本懐を遂げることができずに死ぬことは、残念でなりません。どうか大和尚、我が国にたどり着いて、伝戒の師となってください。」（「詞書」意訳）と懇願して息絶えた。鑑真は、「悲泣哀慟し給ふこと譬うる方なし」（「詞書」）という悲しみようだったという。その鑑真も失明してしまう。鑑真の日本渡航は、ほとんど絶望的であった。

七五〇年、十七年ぶりの遣唐使の船が唐についた。藤原朝臣河清大使らが揚州の延光寺に滞在していた鑑真を訪ね、日本への渡航をお願いした。その前に、大使らは、そのときの皇帝、玄宗皇帝に、鑑真を日本に招きたいという申し出をしたが、玄宗は認めなかった。そこで大使らは、鑑真に密航してくれるように依頼した。鑑真はその遣唐使の帰還する船で、役人の目を逃れながら、長年の念願を果たすことになる。

鑑真に随行した人は二十四人、最初から鑑真と行動を共にしたのは、弟子思託《したく》、日本僧普照の二人だけであったという。十二年間、五回の失敗の中で、鑑真と行動をともにしようとした僧侶のうち、二百人あまりが離脱し、三十六人もが渡航を果たすことなくこの世を去っていったと言われる。まさに、筆舌に尽くしがたい苦難の道のりをへて、鑑真はようやくにして日本にたどり着くことができたのである。

3　鑑真像と子どもたちの出会い

カラー写真をじっと見ているだけでも、鑑真像は、なにか鑑真の内面が深く動いているかのように感じさせる不思議な作品である。この像が私に与える印象は、戒律を厳しく守り抜いた聖僧というよりは、どんな悩みでも打ち明けられ、一緒に涙を流して包み込んでくれそうなやさしさ、暖かさを感じる。人間の弱さ、生のはかなさを受け止めながら、それを突き放してしまうのではなく、それを深い痛みとして受け止め、自分がそれにどう応えていくべきかを厳しく追求し続けていった人としての誠実さが、全身に滲み出ている思いがする。安らかさと同時に、なにか深い悲しみのようなものも秘めているように感じられるが、それは仏教でいう大悲心とでもいうべきものであろうか。

私の鑑真像への思いを語るだけでは、およそ授業を試みる意味はない。子どもたちが直接鑑真像と対面して、感じ取るものはなにかを確かめてみたい思いで、小学校六年生を対象に、何度か授業を試みてきた。

授業には、鑑真像をほぼ実像大に拡大したカラーコピー写真（最初の授業は白黒の拡大写真）を用意し、子どもたちに提示することから始めた。鑑真の日本への渡航の失敗や日本に来てからなにをしたかには一切触れないで、この像を見て、なにかこの像から感じるものがあるか、あるとすればそれはどんなことか、自分自身に問いかけてみてほしいと話して、しばらくの間、鑑真像に心を向けさせた。

五分ほどたってから、子どもたち一人ひとりに、いま感じたことを話してもらった。子どもたちのほとんどが、やさしい感じのする人だという。そのやさしさと同時に、厳しさがあるとか、悲しそうだとか、反対に笑っているようだとか、あまり予想していなかった貧しそうだというような反応が返ってきた。私は、私の感想を一切さしはさまないで、今度は、この像を造った人はどんな人だと思うかを問いかけてみた。鑑真をよく知っている人ではないかという考えがほとんどだった。まだ判断の手掛かりがなにもないところで、どうしてそう思ったかを重ねて問いかけることは止めて、それから鑑真が五度も失敗しても、あきらめずに、まさに命懸けで日本にやってきたことを子どもたちに話した。

子どもたちは、造船の技術も、航海技術もまだ十分なものでなかった奈良時代、たとえば遣唐使や留学生として、船で中国に行くことも、また帰ることも、どれほど命懸けの大冒険であったかは、まだほとんど理解してはいない。八世紀の正式な派遣としての遣唐使は五度であったが、四隻で出発した船が全船無事帰還したのは、大宝二年（七〇二年）と養老元年（七一七年）のときだけだという。鑑真も船出してから、二回も船が大破したり、風に流されて漂流したりして、生命の危険にさらされている。日本にたどり着くことができるかどうか、それさえ確かでない命懸けの旅であるのに、五回も失敗してもあきらめず、鑑真は十二年もかけ、ついに日本への伝法の願いを果たした。

それでは、なぜそれほどまでして、鑑真は日本に来ようとしたのだろうか。しかし、ここで意見を言わせたり、私がもっともらしい説明をしてしまったりしたら、おそらく子どもたちは、浅いところでわかったつもりになってしまって、鑑真像とのより深い対面は不可能になってしまうのではないか。そんな思いで、私は鑑真を日本に駆り立てたものはなんだろうかとだけ話して、もう一度鑑真像をじっくり見て、最初に感じたものと、いま話を聞いてからでは、感じるものが違うかどうか、自分に問いかけてみてほしいと話した。もうなにかを付け加えることは、子どもたちの鑑真との対面の妨げにしかならないように思えた。五分ぐらい間をとってから、いま感じていることを感想に書いてほしいと言って、そのまま授業を終えた。

授業を進めながら、私は、子どもたちの表情が、どんどん美しく澄んだようになっていくのを感じていた。鑑真と向き合っている子どもたちの集中が深まって、私自身が、子どもたちの深い集中の心のひだひだに直接触れているような、そんな不思議な感覚が私をとらえていた。子どもたちの内面を深く突き動かしていたものは、いったいなんだったのだろうか。おそらく、私などよりはるかに深い、鑑真への畏敬の念とでもいうべきものではなかっただろうか。

子どもたちの感想は次のようなものであった。

最初に写真を見て、私には悲しみを持つ顔には見えなかった。かすかに笑っているように見えたからだ。やさしそうでひっそりと見えた反面、なにか苦労につかれきった姿に感じる。十二年もかかってやっと日本に来るまでには、本当に大変な苦労だったと思う。でも、目が見えなくなってまでも、日本へ来ようとしたのは、ただ日本に招かれただけではなく、自分で本当に、仏教をさかんにしようと強い考えを持っていたのだと思う。その間に、五度も失敗したという苦しいこともあった。このことを聞いて、もう一度鑑真の写真を見ると、やっぱり悲しみも表されているなあ、と思った。

この鑑真の像をつくった人は、心から鑑真を尊敬し、信頼していたのだろう。こんなに上手にそのころの鑑真の姿を私たちに伝わるように表せるのは、やっぱり、いつもそばで見ていた人でなければできないと思う。

私は、あの鑑真の像は、日本に来てからの姿だと思う。六回目にしてやっと日本に来る夢を果たして、日本でもいろいろな仕事をして、もう、最期の頃だと思う。静かにおちついてすわっていて、いろいろのことを考えているのだろう。日本に来るまでに苦しいことがたくさんあって、自分の目までなくして

しまって、すごくつかれてはいるが、これが全ぜん悔いなく感じる。だから私には、かすかに笑ってい
るように見えたのだと思う。

（青森県小学校　六年女子）

鑑真の写真を見たとき、自分の心がおちついて、どんないやな出来事でもあらい流してくれる不思議な力をもっているような気がした。

私は、鑑真について、日本に来るとき、五回ほど失敗したということだけしか知らなくて、どんなことで失敗したのか、ぜんぜんわからなかった。先生の説明を聞いているうちに、奈良時代にしらずしらずのうちに入ってしまっているみたいだった。そして、五度も失敗してまでも、日本に行こうとあきらめなかった気持ちを想像してみた。

はじめ鑑真の弟子を日本におくろうとしたとき、だれも行こうとはしなかった。船のなんぱをおそれているからだ。鑑真はそのとき、がっかりしたと想像される。自分の弟子を目ざめさせるために、みずからやらなければならないと思い、苦しいときでも、それを心の支えとして、日本にわたったと思う。

鑑真という人物は、ほんとうにりっぱな人間だ。でも「りっぱ」という言葉だけで決めつけるのは、物足りない、なにかがひそんでいると思う。

（青森県小学校　六年女子）

Ⅱ　奈良の大仏にはどんな願いが込められているか

1　教科書にみる奈良の大仏

小学校の六年の社会科の教科書には、奈良の大仏について、比較的多くのスペースを割いて取り上げられている。たとえば、東京書籍の教科書（『新しい社会』六上、平成十六年検定済）では、「聖武天皇と奈良の大仏」という章題で、八項目にわたって、大仏造りを中心に奈良の都の文化と新しい国造りについて解説されている。大仏造りとかかわる記述は、次のようなものである。

大仏の大きさを感じてみよう

奈良県にある東大寺では、毎年八月に大仏の「お身ぬぐい」（大そうじ）が行われます。

「大きいね。そうじしている人たちが小鳥ぐらいの大きさに見えるよ。」

「もし、この大仏が立ったら、何メートルぐらいの背の高さになるのかな。」

東大寺の大仏は、聖武天皇の命令によってつくられ、七百五十二年に完成しました。日本に仏教が伝わってから二百年ほどのちのことです。

「どれぐらいの大きさなのか、校庭に実際の大きさでかいてみようよ。」
「わたしは大仏の顔の大きさを紙にかいて確かめてみたいな。」
「ずいぶん昔のことだけど、どうやってつくったのかな。お金もたくさんかかったのではないかな。」
「聖武天皇は、なぜ、こんなに大きな大仏をつくらせたのかな。」

全国から集められた人々が大仏をつくる

聖武天皇が大仏をつくる詔《みことのり》（天皇の命令）を出したのは、七百四十三年のことでした。大仏づくりのために、全国から人々や物資が集められ、のべ二百六十万人以上の人々が働き、九年もの年月がかかりました。

大仏づくりをおもに支えたのは、全国から集められた農民などの人々でした。また、僧の行基《ぎょうき》は、聖武天皇の命令を受けて、弟子たちとともに大仏づくりに協力しました。そのころ、人々のために橋や道、池や水路などをつくりながら仏教を広め、「菩薩《ぼさつ》」とよばれてしたわれていた行基の協力は、人々の力を結集するうえで大きな力となりました。

大仏づくりには、すぐれた技術を持った渡来人たちも活やくしました。こうして、東大寺の大仏は、七百五十二年の春に完成しました。

この十六年検定教科書で、初めて聖武天皇の大仏作りの「詔」（一部意訳）が取り上げられている。この詔の内容について、そこから子どもたちに考えさせたい疑問として、次のような会話が載せられている。

「全国から人や物資を集めるなんて、天皇は、ずいぶん大きな力を持っていたんだね。」

「聖武天皇の詔にも、『天下の富を持つ者はわたしである。天下の力を持つ者もわたしである』と書いてあるよ。」

「天皇はどうしてそんなに大きな力を持っていたのかな。」

この疑問に答える形で、天皇中心の国づくりが進められ、天皇の力が全国に広がっていったことが説明されている。その後で、「仏の力で国を治める」という見出しで、聖武天皇の仏教を中心にした国づくりを、教科書は次のように述べている。

仏の力で国を治める

聖武天皇が位についた八世紀前半、平城京では病気が広まり、多くの人々がなくなりました。また、全国各地で災害や反乱が次々におこりました。

聖武天皇は、政治を安定させようと、都を平城京から山背国（京都府）、近江国（滋賀県）、摂津国（大阪府）へと移し、七四五年にふたたび平城京を都としました。

聖武天皇は、不安な世の中が仏のめぐみを受けて安らかになることを願い、仏教をさかんにするために、国ごとに国分寺を建てることを命じました。
また、世界を仏の光で照らすことを願い、全国の国分寺の中心となる奈良の東大寺に、金色の大仏をつくることにしました。東大寺の大仏は、こうしてつくられたのです。

教科書の記述は、子どもたちが調べてみたいとしてあげている、「天皇はどうしてそんなに大きな力をもっていたのかな。」には答える記述になっているが、「聖武天皇は、なぜ、こんなに大きな大仏をつくらせたのかな。」には答えてはいない。また、詔にある「天下の富」と「天下の力」を持っていることに注意を向けさせているが、その天皇の大きな力で大仏を造ることはできても、それだけでは、大仏造りの願いを実現することは困難であり、人々に心を込めて大仏造りに参加してほしいという、詔の聖武天皇の願いには触れられていない。詔のその部分は、次のような意訳になっている。

天下の富を持つ者はわたしである。天下の力を持つ者もわたしである。この富と力で大仏をつくることはむずかしいことではない。事業はやさしいが、しかし、その願いを実現させることはむずかしい。この事業に参加する者は、心をこめて大仏づくりに協力しなさい。

なぜ聖武天皇は、天皇の富と力で大仏を造るだけでは、大仏造りの願いは達成されないと考えたのであろうか。その問題をどのように取り上げるかは、かなり難しい問題ではあるが、大仏造りの核心に触れる問題であるだけに、なんとかして子どもたちに考えさせてみたい課題である。

聖武天皇が、国分寺を建て、大仏を造ったのは、仏教をさかんにし、「不安な世の中が仏のめぐみを受けて安らかになる」ことを願ったからであるとある。しかし、仏教を盛んにすることが、どのように仏の恵みを受けることになるのか、そしてまた仏の恵みとはなにかといったことも、この教科書の記述だけでは、子どもたちがよく理解できないことは明らかである。こうした、子どもたちがもっとも知りたいと思うような問題が、教科書からだけでは理解できないという問題が、社会科の教科書、とくに歴史的な内容にはつねにともなっている。しかし、その点についての理解が、そこでの中心的な学習課題となるような重さを持つのであるなら、教師はそれを避けて通れないというべきであろう。

教科書という制約の中で、子どもたちが納得できるような理解ができないとすると、そうした課題に取り組んでいる先行実践に学ぶことが、まず必要であろう。しかし、そうした実践に出会えないとすれば、問題意識を持った教師自身が、その課題に取り組むほかない。その発展的な学習の試みの一例として、私の授業を紹介したい。

2 「奈良の大仏」でなにを追求させたいか

歴史学習において、歴史的な事実は、当然大切にされなければならない。しかし、すべての事実が明らかになっているとはかぎらないし、たとえ明らかになっているとしても、時間的な制約もあり、ことさら小学生の学習としてはどこまで深入りすべきか、それをよく考えなければならない場合が少なくない。

たとえば、国分寺の仏は釈迦如来なのに、東大寺ではなぜ盧舎那仏なのかという疑問が、子どもたちから出されたとしたら、どうしたらいいであろうか。史実を正確に伝えなければならないと考えるなら、授業者の教材研究が大変なばかりか、時間的にもそれは不可能に近い。それではどうすべきであろうか。それには、研究書などの裏付けが必要だとしても、あまり事実の正確さにこだわることなく、子どもたちが納得できるようなわかりやすい説明に代えることも必要だと考える。

盧舎那仏は、華厳経という仏教の経典の教えの中心となっている仏である。東大寺の前身である金鐘寺という寺は、聖武天皇の皇太子、基親王の夭逝《ようせい》を弔うために建てられた寺であり、この寺では早くから華厳経の研究と講説が行われ、その中心的な役割を果たしていたのが良弁という僧である。良弁は大仏の造立に深くかかわり、後に東大寺の初代の別当となった人物であるが、この良弁を通して、聖武天皇が華厳経と盧舎那仏への理解と信仰を深めていったと考えられている。

華厳経の教主として、経典の中で深い教えを説く盧舎那仏は、仏の中の仏として賛美され、その教えの偉大な力は、この世のすべての所、すべてのものに及ぶとされる。聖武天皇は、天平勝宝元年（七四九年）五月二十日に、諸仏諸寺に喜捨したときの請願に、次のように宣べている。

華厳経を根本として、一切の経典等を必ず転読、講説して完了せよ。（略）私の請い願う所は、天皇を諸仏が助け、仏法が薬のように身体にしみわたり、万病をなくして寿命がのび、すべての願いをみな満足させ、仏の教えを永く効果のあるものにし、多くの人々を助け、天下は太平に、万民は快く楽しく暮らして、世界のすべての人々とともに、仏道に入らせたいということである。」（宇治谷孟『続日本紀

中 全現代語訳』講談社学術文庫意訳）

ここには、聖武天皇の華厳経を根本の経典として重んじていることと同時に、仏教を広め、信仰を深めていくことによって、どのような仏の恵みを受けることができるか、仏教への厚い信仰心が端的に語られている。ことに病弱であった聖武天皇にとっては、「仏法が薬のように体にしみわたり」という言葉があるように、人々の幸せとともに、自らの健康、長寿の願いも、ことさら切実であったのではないだろうか。

大仏の大きさは、江戸時代に造り直された現在の大仏よりほぼ一メートル高い、十六メートルであったという。なぜ十六メートルという大きさが選ばれたのであろうか。それには、釈迦の身長が一丈六尺あったという言い伝えをもとに、丈六（四・八メートル／一尺＝約三十センチメートル）の仏が広く造られているが、その十倍の大きさを表すためだと言われている。そうだとすると、大仏は四十八メートルもの巨大な像になる。しかし大きな仏像では、一尺約二十センチメートルの古代の周尺を使うならわしがあり、立像では三十二メートルとなるところを、座像であるからその半分の十六メートルとしたのだといわれている（香取忠彦『奈良の大仏』草思社、一五頁）。

それではまた、なぜ十倍という数を選んだのか、それがまた疑問となる。それには、華厳経には、十で表す教えが何度も繰り返して使われており、十という数が特別神聖な意味を持つものとして受け止められていたことが反映しているようである。

ところで、大仏がなぜ盧舎那仏なのか、またなぜ十六メートルの大きさなのかという問題は、子どもたちが考えてわかるような問題ではない。授業者がそれなりの根拠を踏まえていれば、説明してしまっていい問題だと考える。その際、華厳経の内容に立ち入らなくても、盧舎那仏はいろいろの仏の中でも、とくに偉大な力のある仏であると信じられていたこと、また十六メートルという大きさは、お釈迦様の伝説上の身長の大きさを十倍にしたもので、大仏の偉大さを表したものであるという説明があれば、まず十分であろう。

しかし、そうした説明が必要だとしても、それだけで、なぜそれほど大きな大仏を造ろうとしたのかという疑問がすべて解消するわけではない。そうした説明を前提として、そこからさらに、子どもたちが考え、より深く大仏と対面していくことのできる学習場面を設定したい。それでは、なにを課題とすべきであろうか。

十六メートルもの大仏を造るということは、いかに十倍という数に特別な意味が込められているとしても、この時代には容易にできることではない。大仏造りは、そのための物資の調達をはじめとして、労働力、経済力、さらには鋳造の技術等にわたって、その当時の限界に挑戦する大事業であり、また難事業でもあったと考えられる。大仏造りに働いた人の数は、のべ二百六十万人といわれているが、当時の人口が六百万人ぐらいであったことからすれば、この事業がいかに国を挙げての大事業だったかが想像できる。いかに国の中心となる大仏を造るとしても、聖武天皇はもっと負担の少ない大仏を造ってもよかったのではないだろうか。

この謎を解くためには、なぜ盧舎那仏なのか、またなぜ十六メートルなのかという前提をしっかり踏まえた上で、聖武天皇の「盧舎那仏造営の詔」に宣べられている造営の願いはなんであったか、それを確かめた上で、さらに考えてみることがどうしても必要だと考える。大仏がどのように造られていったかの工程を踏まえて、その造営の願いがなんであったか、「詔」を通して考える授業を、小学校の六年生や中学校の一、二年生に何度か試みてきた。その試みを紹介することとしたい。

3 「盧舎那大仏」との対面

大仏造りがどれほどの難事業だったかを知ることは、聖武天皇がなぜそれほどまでして大仏を造ろうとしたかを考えていく上で、欠かすことができない前提である。かぎられた時間の中で子どもたちがじっくり考えられるように、大仏造りの工程、完成までの年表、できあがった大仏や大仏殿の大きさ等を、表にまとめて子どもたちにあらかじめ提示した。また、完成した大仏（江戸時代に鋳造された現在の大仏）の写真の拡大カラーコピー（よこ一・五メートル×たて二メートルほど）、大仏の原型造りや外鋳型作り、八回に分けて行われた鋳造工程等のイラストの拡大コピーを用意した。

これまで造ったことのない大きさであるだけに、鋳造の技術も新しい工夫が必要になる。原型に密着させて外鋳型を作っていくが、銅を流し込んで原型の像がそのまま鋳造の像として現れるようにするには、中鋳型と外鋳型の間に銅を流し込む透き間がなければならない。仏像全体に、その透き間をどのように作ったのだろうか。それには、外鋳型を小分けに作り、いったん外して原型の表面を五センチメートルほど削り取ってからまた元の位置に戻す、「削り中子法」という方法が使われたという。鎔かした銅は、上から下へしか流すことができない。そのためには、像の回りに広い土台を築いて、たくさんの鎔解炉を並べ、鋳型の透き間に鎔けた銅を流さなければならない。高さ十六メートルの大仏では、その作業を一度に行うのは鎔かして流す銅の量からしても不可能なことであり、一回五十トンほどずつ、八回に分けて鋳造が行われたといわれる。最後の、頭部の鋳造のときは、像の全体がすっかり土台に覆われて、土台の山しか見えなかったことになる。鋳造が終わったところで、土台と外鋳型が上から外されていき、きれいに鋳造されなかったところは手直しをされ、それが終わったところで鍍金（金を水銀に溶かして像表面に塗ってから、熱を加えて水銀を蒸発させ金を定着させる技法）が行われて（ごく一部か）、大仏本体は完成を見ることになる。大仏造立の詔から、九年目のことであった。

聖武天皇は、詔の中で、「国の銅を尽くして象《かた》を鎔《い》」と宣べているが、まだ銅の生産も少なく、貴重な金属であったこの時代では、これはけっして誇張ではなかったに違いない。少し後の時代に、「国費の大半を費やした」といわれるほど、経済的な負担も大きかったと考えられるが、聖武天皇は、どうしてもっと負担の少ない大仏造りを考えなかったのだろうか。

ここまで、いくつか問いを挟みながらも、説明を中心に授業を進めてきたのは、この問題を子どもたちにじっくり考えさせたいためであった。いきなり子どもたちにこう問いかけても、答えは返ってこない。私もそれを期待してはいない。それを考えるのに必要な根拠を、子どもたちはまだ持っていないからである。それを考える手掛かりとして、聖武天皇の「盧舎那仏造営の詔」（七四三年『続日本紀』本文意訳、全文）を、子どもたちに提示することにした。意訳しても、なお理解しにくいところは説明を加え、聖武天皇が巨大な大仏造りにかけた願いはなんだったのか、それを子どもたちと一緒に考えてみようと示したのが、次の「詔」の文章である。小学生に、なぜそこまでと考える教師が多いのではないかと思うが、子どもたちは十分にそれを受け止め、そこから子どもたちなりに「なぞ解き」に挑戦していくに違いないという確信が、私にはあったからである。

私はまだ徳が不足しているが、かたじけなくも天皇の位をうけつぎ、その志は、つとめて人にも物にも、ともに救われるように心掛け、いつくしんできた。それで国土の果てまで、思いやりと恩恵を受けているが、まだ天下すべてのものが、仏法の恩を受けるには至っていない。そこで仏教（三宝 ― 仏法僧）のすばらしい霊的な力に頼って、天地が豊かになり、よろずの代まで幸せとなることができる事業を行って、動物も植物もすべて栄えるようにしたい。

そこで、天平十五年十月十五日をもって、人々を救うという菩薩の大きな願いを起こし、盧舎那仏《るしゃなぶつ》の金銅佛を一体お造りすることとする。

国中の銅を尽くして像を鋳造し、大きな山をけずって仏堂を造り、広く世界に仏の教えを広げ、人々を自分と同じ志を持つ協力者（知識）として、この造佛の事業に参加させよう。そして、それによってついには、私も人々も同じように仏の（めぐみの）利益を受けて、悟り（心に迷いのない）の世界に行き着くことができるようにしたい。

天下の富を持っているのはこの私である。天下の権威、権力を持っているのもこの私である。この富と権威を持って、この尊い仏像を造ることはできる。しかし、像を造っただけでは、ことは成りやすいが、（仏への）願いを成し遂げることは難しい。ただいたずらに人々を苦しめ、この事業の神聖な意義を感ずることもなく、そしり（悪口を言う）を生み、それによって、かえって罪に堕《お》ちる者さえも出てしまうことをおそれる。

だからこの事業に自ら参加しようと思う者は、心から誠意を持って、（仏のお力で）大きな幸福がもたらされるように、毎日三度盧舎那仏を拝み、自らがその思いをもって、盧舎那仏造りに参加すべきである。もし、たった一本の草や一握りの土を持って、この仏像を造ることに協力しようとする人がいるなら、その人が望むままに、それを許可する。国や郡の役人たちが、この事業を行うために、人々の生活を侵し乱したり、無理に物資を取り立てたりするようなことがあってはならない。遠近、国内のあらゆる地域に布告して、私の真意を知らしめるようにせよ。（宇治谷孟『続日本紀中』講談社学術文庫を参考にして意訳）

この詔の全文にわたってていねいに検討する余裕はない。そこで、とくに考えたい問題はなにかを子どもたちから出させ、それを次の三つの課題に整理して考えていくことにした。

（1）聖武天皇は、なぜ三宝（三宝は説明）の力に頼って、世の中がよくなり、人々が幸せになることを願ったのか。
（2）聖武天皇は、天皇の富と権威で、大仏を造ることができると言いながら、それでは仏への願いを実現することは難しい。だから心をこめて仏を拝み、たとえ一本の草や一握りの土だけでも、人々を大仏造りに協力させると言っているのは、どんな考えからだろうか。
（3）この詔には、巨大な大仏を造る意義がなにかについては宣べられてはいない。もし、それとかかわる言葉を探すとすれば、どんな言葉にその意味が込められていると考えていいだろうか。

（1）の問題については、この詔には直接は宣べられていないが、この時代は天災が多く、天然痘等の疫病がはやり、多くの人々が苦しんでいたこと、さらには藤原広嗣の反乱など、社会的な不安もたえず起こっていたことを子どもたちは学習している。もとより天災や疫病は、政治の力で解決できる問題ではない。反乱などの社会不安も、天皇の権威や力をもってしても、容易に解決できる問題ではなかった。

国のあり方に、天皇としての責任を強く感じていた聖武天皇は、教科書にもあるように、「不安な世の中が仏のめぐみを受けて安らかになる」ように、人間を超えた偉大な力に頼らざるをえなかったのではないかという考えが、予想以上に子どもたちから次々と出されてきた。それだけでなく、仏教を盛んにしようとしたのは、聖武天皇が仏教を深く信じていたからであるということも、大事なこととして付け加えられていった。それぞれ的確な捉え方だと思った。

（2）は、子どもたちのこれまでの学習では意識されることのなかった、大仏造りに込められていった聖武天皇の願いである。それまで、大仏造りは、聖武天皇の発案で、天皇の力で進められていったとしか受け止めていなかった子どもたちは、ここであらためて、大仏造りの願いはなんだったのかを、考えなければならないところに立たされていく。天皇の力で造るのではなく、かりに一本の草や一握りの土でしか協力できない人であっても、大仏造りに参加させる。ここに大仏造りには、志のある人たちが、心を込めて参加することの大切さが強調されている。

大仏を造って、ただ、その偉大な力に頼るということでなく、「ことは成りやすいが、願いを実現することは難しい」と宣べているように、みんなが心を合わせて造ることができることを強く願っているのは、なぜであろうか。子どもたちからは、争いのない世の中、反乱のない世の中になることへの強い願いからではないかという意見が多く返ってくる。

多くの人々の協力によって大仏を造るという願いには、聖武天皇が、河内の知識寺の盧舎那仏を拝んで、ぜひ造りたいと考えるようになったことが指摘されている。しかし、ここであえて知識寺の持つ意味を説明しなくても、たくさんの人々の協力で、心を込めて大仏を造ることの真意を、国全体に知らしめたいという願いを聖武天皇が強く抱いていたことに子どもたちがたどり着くなら、それ以上の説明はもう必要がない。そこに、大仏造りを通しての、人々の仏教への信仰の深まりと同時に、仏の恵みもいっそう大きいものとなるという、聖武天皇の心からの願いを読み取ることができると考えたからである。大仏造りには、たくさんの人々が、お金や材木、銅などを寄付していることを付け加えた。

(3)の問題は、いろいろ文献を探しても、なぜ高さ十六メートルもの巨大な大仏を造ろうとしたのか、聖武天皇の言葉としては見出せない。子どもたちからは、「国中の銅を尽くして」とあるから、そこからもよほど大きい仏像を造ろうとしていることがわかるという考えや、「広く世界に仏の教えを広げ」るためには、人々には、盧舎那仏の偉大さがわかるような大きさが必要だったのではないかという考えが出される。それで十分ではないかと思っていたところに、子どもたちから予想していなかった、次のような考えが出てきたのだった。

「もし、それほど大きくない仏像であれば、造り上げる時間も、労力もそれほどかからない。しかし、完成までに長い時間がかかると、たくさんの人の力が必要になる。聖武天皇は、自分と同じ志を持つ協力者（知識）として、たくさんの人たちをこの造仏の事業に参加させようとしていたのであるから、小さい仏像ではすぐに仕事が終わってしまうので、たくさんの人々を参加させるためには、どうしても巨大な大仏を造る必要があったのではないか」という考えである。詔を読んで、そこから考え出した、想像力豊かな考えである。私自身、そこまで考えるのはいささか飛躍しすぎるのではないかという思いもあったが、そういう考えが出されて、それを否定すべき根拠もない。聖武天皇が、最初からたくさんの人々を協力者（知識）として大仏造りに参加させたいという願いを持っていたことは明らかである。しかも歴史的な事実としてみれば、のべ二百六十万人もの人々が大仏造りに働いたのであるから、たくさんの協力者を参加させるために、あえて巨大な大仏造りに挑戦したという可能性は十分に考えられる。ほかの子どもたちにも、この考えをどう思うかを尋ねてみた。その意見に賛成する考えがほとんどだった。

丈六仏の十倍という大きさは、最初からたくさんの知識の参加を含めて計画されたものか、十倍という大きさが先にあって、それが聖武天皇の願いに結び付いたのか、それは大変難しい問題である。ここでは、その両方の結び付きも十分に考えられると話して、授業をまとめることにした。

子どもたちは、十六メートルもの巨大な大仏は、単に大きくて造るのが大変だっただけではなく、聖武天皇はじめ当時の人々の、世の中の安らかさと幸せへのあつい願いが込められていることを、それぞれに深く感じ取っていたように思う。

この授業は、青森県の小学校六年生に試みたものであるが、そのときの子どもたちの感想文が手元に残っていないので、授業の組み立ては少し異なるが、同じ青森県の小学校六年生、中学校二年生と、仙台市の中学校三年生に試みたときの感想を紹介しておきたい。

技術もあまり発達していないころ、高さ十六メートルもある大仏を造るなんて、たいへんなことだろう。材料とか、人を集めるのにも時間がかかる。それでも国をすくうために、大仏を造る計画をした天皇は、りっぱだと思う。

大仏の造り方を聞いてびっくりした。私がいままで頭の中でえがいていた造り方とぜんぜんちがうのだ。想像していたよりももっと難しくて、いかにも苦労したんだなと、つぶやかずにはいられない。日本人の約半数にちかい人々が働いたと聞き、おどろいた。そのころの人々にとって、大仏を造ることが一番の願いで、一日も早く完成してほしかったのだろう。大仏には、人々の願いがこめられていて、そのころの人々の大切な宝だということが、よくわかった。

（青森県小学校　六年女子）

私はこれまで歴史の表だけしか知りませんでした。しかし、裏も大事なんだなあということを教わった気がします。大仏の場合でも、聖武天皇がたてて、多くの費用と人手と月日をつかって造ったことぐらいしか知りませんでした。だからその裏というもののおもしろさ、大切さを知らなかったのです。たった一つの題目、「大仏の建立」にしても、一時間ではたりません。それだけ勉強することがいっぱいなのです。いま思うことは、もっと教えてもらいたかったなあと言うことと、もっと自分でも真剣に考えたかったということです。そして、歴史の裏のことを考えさせられています。

（青森県中学校　二年女子）

私は、今日の授業でとてもめずらしいことを見つけました。それは、いままで歴史はただ勉強して、昔の人の苦労やなんの目的でやっているのかなど、一度も考えたことはありませんでした。今日はじめて考えてみて、昔の人の考えは、今の人の考えと、まったくちがっているように思えた。今の人が医者にたよるように、昔の人は大仏に頼ったのだろう。それに、大仏を造る時のあの作業の日数、技術の発達していない時なのに、よく九年間も続けてできたものだと思う。

いままで歴史のほんとうのよさがわからなかったため、おもしろくなかったが、これからは人の考えまでふれたいと思う。

（青森県中学校　二年男子）

いままで、社会の授業で、何度も大仏について勉強してきましたが、教科書に載っていることを暗記してきただけなので、疑問もなく、深く考えたことなんてありませんでした。しかし、一つのテーマを取り上げると、一時間などすぐ終わるくらいの重みがあることが分かりました。

ふだん、深く追求することのないものについて、深く考えたことは、私の十五年間の中で初めてでした。私自身が考えることによって、たくさんのことが分かるというのが、とてもおもしろかったです。

（仙台市中学校　三年生男子）

「奈良の大仏」について学んだが、それ以上に、研究することの楽しさみたいなものを教えてもらったような気がする。いつもだったら、疑問点がすぐになくなってしまったが、疑問の後に疑問があるというように、自分の疑問を解決するうれしさみたいなものを感じた。この授業で、なにか大切なものを学んだ。なにか一つのことについて、深く考えるということは、とてもいいことだと分かった。

（仙台市中学校　三年生男子）

第5章 「私」とはなにか「人間」とはなにかを考えよう
――「奇跡の存在」としての「私」を見つめ直そう

I 「私」は人類の祖先からなにを受け継いでいるのか

1 中学校『歴史』教科書にみる「人類の歴史」

私たち人間の祖先が、どのようにしてサルの仲間から分かれて、人間への道を歩むようになったのかを学ぶことは、「私」とはなにか、「私」は今なぜここにいるのか、さらには「人間とはなにか」といった、自分の存在や自分の生き方を考える上で、欠かすことのできないもっとも基本的な学習なのではないかと考える。

「私」とはなにか、今なぜここにいるのかを知るためには、当然ながら人類の歴史を学ばなければならない。人類の歴史を学ぶといっても、猿人から原人、旧人、新人と進化したという表面的な理解を超えて、なにがどのように人類の祖先たちを変えてきたのか、それが現代の私たちにどのようにつながっているのか、そうした人類史の本質的な問題にこそ、子どもたちの目を向けさせなければならないと考える。

小学校の社会科の教科書では、米作りから日本の歴史が始まっていて、それ以前の人類史には全く触れられていない。中学校の歴史のある教科書（『中学生の社会　歴史』帝国書院、平成十七年検定済）では、その最初の部分に、「人類の誕生」という見出しで、次のような文章が載せられている。

人類は、猿と共通の祖先から進化しました。人類の祖先が木からおりて、地上を二本の足で立って歩くようになると、脳が発達し、自由になった手（前足）で道具をつくるようになりました。これが人類のはじまりで、四百万年以上前のことと考えられています。

地球は約百万年前から氷河時代にはいり、寒い時期（氷期）と暖かい時期（間氷期）をくり返していました。人類はこのきびしい時代を生きぬくなかで、暖をとり、狩りや採集によって手に入れた食べ物を加工するために、火を使うようになりました。また仲間どうしで意思を伝え合うために、ことばを発達させました。狩りや採集では、打製石器が使われました。

この教科書の文章は、まずなによりも、あまりにも一般的すぎて、人類の祖先たちがどのような環境の中で、どのように生活を切り開いて進化してきたのか、その苦難の道やそれを乗り越えていくための努力や工夫のあとなどは、とうていたどることはできない。

この教科書では、石器の使用が、百万年前の氷河時代に入ってから以降のことのように書かれているが、二百五十万年から三百万年以前に、すでにその使用が始まっているということが広く認められており、なぜこれほど時代を下げているのか、理解に苦しむ。また、「地上を二本の足で立って歩くようになると、脳が発達し」たとあるが、人類の祖先たちが二足歩行後も四百万年ほどの間、脳がほとんど発達しなかったことが確かめられており、石器を使い始めたころから、次第に脳が発達したとするのが多くの研究者の見解である。また、「自由になった手（前足）で道具をつくるようになりました」という場合の「道具」とは、石器を指すのが通例であるが、「打製石器」が使われたのが氷河時代以降とする記述からすれば、それはどういう「道具」として理解すべきであろうか。大変理解しにくいことではないだろうか。

この道具の使用については、他の教科書（『新しい社会　歴史』東京書籍、平成十七年検定済）には、猿人たちが「石を打ち欠いて、鋭い刃を持つ道具（打製石器）をつくることを覚え、これを使って、動物をとらえて食べたり、猛獣から身を守ったりできるようになりました。」とあり、石器の使用は猿人までさかのぼるものとしている。この点は現在の研究成果を踏まえた記述になっているが、後で触れるように、石器を使って動物を捕らえたり、猛獣から身を守れるようになるのはもっともっと後のことであり、その点は不適切な記述となっている。

また二社の教科書とも、最古の人類は四〇〇万年ほど前としているが、最新の発掘調査の結果、二〇〇一～二〇〇二年にかけて、アフリカのチャドで発見された猿人（トーマイ猿人）がもっとも古く、その年代はほぼ七〇〇万年前とされている。この教科書の検定は、トーマイ猿人の発見後の二〇〇五年（平成十七年）であり、トーマイ猿人の発見からかなり時間が経過しているだけでなく、トーマイ猿人の発見の前に、約五百万年前とされるラミダス猿人も発見されているのであるから、当然訂正が必要である。

2 「奇跡」の存在としての「私」を知ろう

教科書の記述には、さまざまな制約はあるとしても、そこに起こっている進化の道筋、たとえば道具や火を使うことによってなにが変わったのか、言葉の使用が人類の生活にどんな変化をもたらすことになったかなど、もっと踏み込んだ記述がほしい。そしてそれらが私たち現代人にどのようにつながっているかは子どもたちにぜひ考えてほしいことであるが、それには全く触れられていない。

人類の歴史は、私たちの体や心のあり方、さらには社会や文化にもつながっているだけに、このような一般的、抽象的な記述だけではなはだ物足りなさを感ずる。歴史の教科書の記述としては、現状ではこれ以上の要求ができないとすれば、「総合的な学習」の時間や「道徳」の時間などで、人類の歴史とのつながりの中で、もっと「私とはなにか」、「人間とはなにか」の学習を深めてほしい。

人類の歴史は、それが私たちの現在、もっと直接的には、「私」たち一人ひとりが、なぜ、今、ここにいるのか、に結び付いている。それを知り、学ぶことは、社会科という教科の枠を超えて、むしろ本来、すべての教科の根底に据えられるべき、もっとも基礎・基本の「人間の学習」ではないかと考える。

この点について、文部科学省の作成になる『心のノート』（中学校版）には、学校教育の全体を通して「生命を考える」というテーマが取り上げられており、「いのち」不思議さやつながりを考えさせることの大事さが提起されている。具体的な教材としては作成されていないが、文部科学省は「この『心のノート』の内容を参考にして、生徒の心に響く多様な教材を開発したり、効果的な教材活用に努めることが必要である。」（『心に響き、共に未来を拓く道徳教育の展開』文部科学省編、一〇七頁）と述べている。その一つの試みとして、私の「私とはなにか、人間とはなにか」の授業の試みを紹介したい。「人間とはなにか」を考えていくとき、子どもたちに、まず最初に考えさせたいことは、子どもたち一人ひとりにとっての「私」という存在、そして私の「いのち」は、いったいなにに由来しているかということである。

地球に生命が誕生したのは三十数億年前という。まだまだその謎は解き明かされていないようであるが、他の太陽系の惑星にも、また、太陽系以外の星にも、まだ生命の存在が確かめられていないことからしても、地球に実に多様な生命が存在していることは、まさに奇跡というべきことである。「私」が今ここにいるということは、その生命の歴史が、三十数億年という想像を絶する長い時を経て、今の私までつながっているということにほかならない。しかも生命誕生からこれまで、地球上では何度となく生物の大量絶滅が繰り返されてきたという。それにもかかわらず、私が今ここにいることは、私の祖先たちがその絶滅の危機からも免れて、「いのち」をつなぎ続けてきたということにほかならない。これもまさに、奇跡というべきことではないだろうか。

人類の歴史は、最近の学説では約七百万年といわれている。この約七百万年の間に、十数種を超える人類の系統があったことが確認されている。しかし、この系統の中で、私たち現生人類につながっているのは、二十万年ほど前にアフリカで進化したホモ・サピエンスただ一系統だけであるという。北京原人、ジャワ原人、ネアンデルタール人、すべて絶滅してしまったというのが、最新の研究結果である。そのホモ・サピエンスにしても、幾度となく絶滅の危機にさらされてきたに違いないが、「私」の先祖はそれをも乗り越えて「いのち」を「私」に伝え続けてきた。そして今、「私」がここにいるのである。

人間の生命の誕生は、三億個もの精子と四百個の卵子の出会いで、その出会いの確率は、一千億分の一以下というほど稀なものである。もし別の精子と卵子の出会いであったとすれば、「私」とは別の人間が誕生していたはずである。しかし、よく考えてみると、一回の性の交わりで、必ず受精し、誕生するわけではない。生命誕生に結び付かない精子の数を考えるなら、「私」の誕生の可能性は、一千億分の一のさらに何百分の一ということになるはずである。これも奇跡といわず、なんということができるであろうか。

人類は、農業（牧畜も含めて）という食糧生産の技術を開発して、食料確保に成功し、人口も六十億を超えるほどに増加させてきた。しかし、いかに人間がたくさんいるとしても、「私」一人ひとりの存在そのものは、何重もの奇跡の存在であることに、なんの変わりもないはずである。この奇跡の存在の認識にしっかりと基礎を置いて、「私」とはなにか、「人間」とはなにかをじっくりと考える機会を、ぜひ子どもたちに持たせたいと考える。

3 「私」は先祖からの「遺産」をどのように受け継いでいるか

人間とチンパンジーを比較するなら、なにが違うだろうか。子どもたちにそう尋ねてみると、二本足で歩く、言葉を話す、火を使う、いろいろな道具を使うなど、ということが出てくる。そのどれもが、人類史の中の最重要研究課題というべきものである。

道具、とくに石器の加工は二百五十万年ほど前からとされ、人類史の上では、四百万年近く石器を作らない時が続いており、その間、大脳も五〇〇 ccほどで、チンパンジーとほとんど変わらない脳容量であったという。それはなぜなのか、まだ解明されない多くの問題を残しているようであるが、石器を作り始めて以後、人類の祖先たちの大脳は、少しずつ発達し始め、現代人となるまでに、その脳容量は約一五〇〇 ccと、約三倍にまで増大している。なにが大脳の巨大化をもたらしたのであろうか。

この問題は、研究者の間でも、なお多くの課題を残している大きな研究テーマの一つであるようだが、子どもたちには、「私」とはなにかの追求とかかわって、ぜひ深く考えさせてみたい問題である。

(1) なぜ石器が必要になったのか

石器が必要になったのは、肉を食べるようになったからであり、その肉とは、他の動物が倒した動物の食べ残し、死肉であったというのが、研究者たちのほぼ一致した見解である。それでは、死肉を見つけ出して食べるのに、なぜ石器の加工が必要になったのか。子どもたちに、まず、それを考えさせたい。

かりにシマウマなどの死肉を発見したとしても、草原はライオンやハイエナなど、危険な猛獣がうようよしているところである。鋭い歯も爪も持たない祖先たちにとって、そこで肉をかじりとって食べる能力も、猛獣から身を守る力も、さらには戦う武器も、十分ではなかったはずである。肉を食べることができたとすれば、すばやく皮を切り、肉をはぎとって、安全な場所にたどり着いてから、それをゆっくり食べるほかなかったであろう。そのためには、すばやく肉を切り取ることのできる、鋭利な道具がどうしても必要だったはずである。

肉食を始めた祖先たちにとって、死肉をすばやく処理できる鋭利なものに石器を加工していくことは、命を守るためにも切実な問題であったに違いない。そのための道具が作られるようになっていくと、それをもっと使いやすいものに改良しようとする気持ちが働く。改良していくためには、どうすればいいかを考えなければならない。考えるだけでなく、実際にそれを作り出すためには、技術がいる。その技術には、精巧な加工ができる手の働きがともなっていなければならない。

もし、道具を作る必要に迫られなかったら、人類の歴史は全く別のものになっていたのではないかとは、よく言われることである。その意味で、肉食への依存を大きくしていったことが、道具の必要性を高めていった主な要因と考えることができるようである。

道具作りは、その改良や使い方などを通して、祖先たちにそれまでにない新しい能力を必要なものにする。それが脳を刺激し、脳を大きくしていく要因となったのではないか。子どもたちには、ぜひそうした追求を試みさせたい。

(2) 火の使用は人類の生活をどう変えたか

祖先たちが、いつ頃から火を使い始めたのか、まだ十分に確定できるところまで調査、研究が進んでいないようであるが、百万年前くらいから、いくつかの遺跡で、火の使用の跡が確かめられている。祖先たちは、どこから火を手に入れたのだろうか。祖先たちが、自分たちの力で火を作り出せるようになったのは、ずっと後になってからのことであるから、山火事などの焼け跡から火種を手に入れて、それを絶やさないように大事に燃やし続けていたのであろう。

火を使うようになって、なにが変わったのだろうか。まず考えられることは、火を使って、食べ物を焼いて食べるようになったことであろう。いままで食べられなかったものが、火で焼くことで食べやすいものとなり、食料の獲得にも広がりが出てきたことや、火で焼くことによって、細菌などの危険から身を守ることができるようになったこと、さらには寒さから身を守ることができるようになったことなども考えられる。また火を燃やし続けることで、肉食獣から身を守ることができたことや、明るい光の中で、お互いのコミュニケーションを深めることもできたのではないか、などとも考えることができる。

火を使って、食べ物を柔らかくして食べることができるようになったことは、消化を助け、胃腸の負担を少なくしただけでなく、歯でかむ負担を少なくすることにもつながった。そのことが、祖先たちの顎の骨がだんだん小さくなってきたこと、それがそのまま「私」の顔にも受け継がれていることに注目させたい。

火がさまざまに活用され、生活に利益をもたらしたとしても、まだ住居らしい住み処を作ることができなかった祖先たちにとって、せっかく手に入れた火を消さないで燃やし続けることは、かなり大変なことであったに違いない。火は、雨が降ればたちまち消えてしまう。となると、どうしても雨の当たらない場所を探さなければならない。そこで洞窟とか岩棚のあるようなところを探し出す必要に迫られていったと考えられる。しかしそういう場所は、すでに猛獣の棲み処であったりしただろう。どのようにしてその猛獣たちを追い出すことに成功したのだろうか。それもぜひ想像させてみたいことである。

火を使うようになり、それがさまざまな生活の中で活用され、工夫されていったことは、生活そのものを大きく変化させていったに違いない。そしてその生活の変化も、また祖先たちの脳を刺激して、それがさらに新たな変化を求めさせることとなり、大脳化の道を進めることになったのではないだろうか。

(3) 言葉は人類の生活のなにを変えたのか

言葉の問題は、化石や遺跡では復元できないものだけに、人類史の中でどのような起源を持つものか、その研究は困難をきわめている。ただ、言葉の創出によって、目の前にある具体物を示さなくてもその伝えたいことを表すことができるようになり、祖先たちの心の世界に、劇的ともいうべきな大きな変化をもたらしたであろうことは十分に想像できる。まず、言葉を使うことによって、それまでに比べて、コミュニケーションがはるかに複雑にできるようになったに違いない。しかし、それだけでは一般的に過ぎる。もう一歩踏み込んで、言葉を獲得することの意味を、「私」自身の問題としても子どもたちに考えさせてみたい。

言葉によってもたらされた心の変化とはなにか。言葉があることによって、「私」たちは、物事をより正確に記憶したり、よく考えたりすることができる。しかも、言葉を使うことによって、現実を超えて、過去や未来についても考えたり、想像したりすることができる。言葉のない時代に比べれば、それはどれほど祖先たちの心の世界を広がりのあるものにしたか。そこに、どれほど大きな心の飛躍があったか、それを子どもたちにはじっくり考えさせたい。

四十万年ほど前のスペインのトラルバ遺跡では、古代象の群れを火を使って沼地に追い込み、泥にはめて動けなくして槍で倒したと考えられる、集団での狩りの跡が発掘されている。この狩りを成功させるためには、たくさんの仲間が協力し、周到に計画した上で、草を刈って象が通る道端に集め、それに順序よく火をつけて、象を確実に沼地に追い込むようにしなければならない。その協力が計画通りできるためには、事前の打ち合わせが必要であり、言葉の使用もかなり高度なものになっていないかぎり、それは不可能ではなかったかと考えられている。もしそうだとすれば、ここでの集団での狩りには、過去の経験を踏まえつつも、未来になにが起こるか、それに対してどう対処すべきか、目前の現実を超えたさまざまの思考が、言葉を通して働いていたことになるであろう。

言葉があることによって、経験したことを言葉として記憶し、伝達もできるが、その経験をもとにして、経験を超えて、さまざまに考えることができるようになるということは、大脳の働きをより柔軟なものにし、その活動をさらに豊かなものに広げていくことにつながったのではないだろうか。子どもたちにはぜひそうした想像も含めて、言語を獲得した先祖たちの心の世界の変化を、それを受け継いでいる自分の脳の働きの問題として追求させたいと考える。

4 「私」は祖先からの遺産をどう生かすか

人類七〇〇万年の歴史の中で、私たちの祖先はどのように変わってきたのか、道具の使用、火の使用、言葉の使用を通して、その変化のあとを子どもたちにたどらせた後で、具体的に体がどう変わり、顔や脳にどんな変化が起こっているかを確かめさせたい。

たとえば、①アウストラロピテクス・アフリカヌスの頭蓋骨、②ホモ・エレクトスの頭蓋骨、③ホモ・サピエンスの頭蓋骨の絵を提示して、そこにどんな違いがあるか、その比較を通して、その変化がなぜ起こったのか、いままで学習してきた人類の歴史とかかわらせて考えさせたい。とくに子どもたちに考えてほしいことは、次のような問題についてである。

（1）どの頭蓋骨が一番古いか、その一番古いと言える理由はなにか
（2）頭蓋骨のどの部分が、どのように変わってきただろうか
（3）頭蓋骨はなぜこのように変化してきたのだろうか

三つの頭蓋骨の違いを子どもたちに指摘させると、アウストラロピテクスからホモ・サピエンスに向けて、顎の骨がだんだん小さくなっていること、反対に脳が入っている頭の部分がだんだん大きくなっていることに気づく。アウストラロピテクスの脳容量は約五〇〇cc、ホモ・エレクトスは約一〇〇〇cc、ホモ・サピエンスは約一五〇〇ccと大きく変化している。その違いがなぜ起こっているのだろうか。

三〇〇万年ほどの時間の経過の中で、三倍にもなるような脳容量の大きな変化は、ほかの動物には全く見られない、きわめて特殊な変化であるとされる。この変化は、それが起きていくような特別な脳への刺激を、先祖たちがたえず自分自身に与え続けていった結果であると考えられる。それでは、それはどんな刺激であったと考えることができるだろうか。子どもたちに、さらに次のような三つの課題からそれを考えさせてみる。

・道具（石器）がなぜ必要になったのだろう。
・火の使用は祖先たちにどんな変化をもたらしただろうか
・言葉の使用は人間の社会をどう変えたのだろうか

人類の先祖の脳や体の変化には、先祖たちの何百万年にも及ぶ知恵の働きやそれにともなった体の変化、生活のしかたの変化が刻み込まれている。人類の脳の大きさは、先述のアウストラロピテクスから約三倍にも大きくなった。その脳を刺激し、大きくさせたのは、祖先たちがさまざまの苦難に直面しながらも、それを乗り越えるための知恵や工夫を積み重ねてきたからだと考えられる。それでは、その知恵や工夫のあとは、脳にどんな遺産として残されているだろうか。

それを子どもたちにぜひ考えさせたい。それは「私とはなにか」、「人間とはなにか」を考えていく上で、欠かすことのできない大事な「問い」だと考えるからである。

脳が三倍もの大きさになったということは、私たちは先祖から、どんなすばらしい遺産を受け継いでいることなのだろうか。脳には、祖先たちが工夫した、道具作りや火の利用の知恵が残っているであろうか。言葉の使用の遺産は残っているであろうか。それを子どもたちに「問い」かけてみる。

赤ちゃんが生まれたときから備えているような、人類の遺産といえるような知恵、たとえば道具を作るとか、火を使うとか、言葉を話すとかの知恵といえるようなものは、私たちの脳の働きとして最初からあるものなのだろうか。当然ながら子どもたちは、なにもないのではないかという。それではみる。脳が三倍にも大きくなったのは、「私」たちにとってどんな意味があるのか、それを「問い」かけてみる。子どもたちは、記憶や知恵としては伝えられてはいないけれど、いろいろなことを学んだり、考えたり、作り出していく力が、脳が大きくなっただけ大きくなっているのではないかという。

たしかにそう考えることができる。遺産としてのこれが知恵だといえるものはない。だとすれば、祖先から受け継いだすばらしい脳を、「私」たちはどう使えばいいということになるのか、それを子どもたちにさらに畳みかけて考えさせてみる。

先祖から受け継いでいる脳の働きは、それがどんなにすばらしいものであるとしても、生まれつきになにかがあらかじめ備わっているのではない。一人ひとりが、自分で大事だと思うものを選んで、それを自分のものにして、自分自身の脳の内容と働きを創っていくしかない。それが本能からも自由になって、さまざまに可能性を発揮して、それぞれの個性を伸ばしていくことができる人間の特性なのではないか。およそ子どもたちの考えは、さまざまな論議の末、そこにたどり着くことができたのだった。

祖先から受け継いでいるものは、脳がすべてではない。しかし、自分がどのような人間として、どのような生き方をしていくかは、脳の中にあらかじめ決められたものがあるのではない以上、それは自分で決めていくしかないというのが、子どもたちの意見であった。その代わりに自分の責任は重いが、それがもっとも人間らしい生き方なのではないかということになった。ここまでたどってきて、やっと人類の歴史が、子どもたちの「私」の問題、生き方の問題にまで結び付いたのだった。

最後に、この授業を小学校六年生に試みたときの感想の一部を紹介しておきたい。

私たちがこうして勉強して、考えて自分を表現したりできるのも、先祖の人々が進化し続けたからだと思います。…そのすぐれた脳があるのも、何万年もの昔の人々からの遺産なんだなぁと感じました。先祖から頂いたものは、大切にしようと思いました。いままでいろいろ勉強してきて、私の頭の中でなぞめいた所が、一つずつはじけていったような気がしました。

（青森県小学校　六年生女子）

今日は、何百万年も前の猿人たちの勉強をしました。今日の勉強には、とても興味がありました。

「猿（原）人はどうやって肉を食べたのだろう」、「火をどのようにして使っていたのだろう」などの疑問を、次々に解決していくのは、とても楽しかったし、うれしかったです。…僕は、今日の勉強を通して、人間はすばらしいなぁと思いました。

（青森県小学校　六年生男子）

人間の祖先は、初めは猿人という猿ににたもので、脳が小さかったそうです。進化するにつれて、脳が大きくなってきました。もし進化しなかったら、いまのぼくはここにいなかったかもしれません。古代人には、感謝することが数え切れないほどあるかもしれません。…人間という生き物は、体の中と同じで、なぞが多くて、宇宙とよんでもおかしくないと思います。ぼくは、古代人がたくさんの謎を持っていて、私たちに「挑戦状」をつきつけていると考えたら、とてもわくわくしてたまりません。

（青森県小学校　六年生男子）

武田先生との授業で一番興味を持ったのはこの授業です。…猿人から原人、新人への進化は、僕にとってすごくビックリです。…火を起こす道具を発明するのは、歴史に残る科学者よりもすごい発明だったと思います。この発明のおかげで、いまは寒くても暖房はあるし、魚や肉も火で加工しておいしくできるので、いまは原人の人達にお礼の気持ちでいっぱいです。…将来猿人や原人についての勉強をし、武田先生のような人を目指しがんばっていきます。

（青森県小学校　六年生男子）

僕達に残されたこれからの課題——人間それは、未知なる可能性を秘めている命のかたまり。それをどう働かし、どう進歩させるかは、その人の脳ミソの使い方で決まります。だからよりすばらしく、より美しく、フルに活用しなくてはならない。

（青森県小学校　六年生男子）

Ⅱ　古代人の発火法に挑戦しよう

1　発火に成功しないのはなぜか

子どもたちは、自分で火を起こすことができる古代の「発火法」に大変興味を持っている。小学校高学年の子どもたちに、火起こしに挑戦したことがあるかどうかを尋ねてみると、一クラスに数人は試してみたという子どもがいる。それで成功したという子は、一人もいない。実際に、木と木をこすり合わせて火を作り出すのは、そう簡単ではない。そこには、発火に成功するための、古代人の高度な知恵が隠されており、それを子どもたちが自分の力だけで見つけ出して発火に成功する可能性は、まずほとんどないといっていいであろう。

最近は、博物館や科学館などで、発火の実験をできるところが多くなり、発火に成功するような指導もされるようになってきているが、二、三十年前は、発火技術についての本さえ、容易に見つけることができなかった。

いまからもう三十年ほども前のことであるが、私は授業研究に専念するため、当時の文部省の派遣制度を利用して青森県の小学校に赴き、六か月間の内地研究に取り組んだことがある。私は、その六か月間に、ふだん先生たちが行っている教科書中心の授業ではなく、教科書を離れて、どんな教材が子どもたちの心を揺り動かし、集中して学習に参加させていくものとなるか、さまざまな実験的な授業を試みた。

私は授業に取り組むにあたって、いくつかの教材やプランを準備し、それをいくつかの学年にわたって授業に組み立てて、その教材の適否や授業の内容、方法のあり方の検討を続けていった。

私がぜひ内地研究で試みたいと考え続けてきた授業の一つに、どうして私たちの祖先が、サルのような段階から、今の人間まで変わってきたのかを課題にした、「サルから人間へ」という授業の試みがある。とくに人間にとって、道具や火はなんであったのか、どんな必要からどのように道具や火を作り出したのか、そしてそれが人間をどのように変えていくことに結び付いているのか、それを考えさせようとした授業であった。その授業の中に、古代人はどのようにして自分の力で火を作ったか、その発火の実験を組み入れようと考えたのだが、どうしてもできないでいた。授業前に、何度発火の実験をしても、発火に成功しなかったからである。

しかし、「サルから人間へ」の授業を終えてみると、どうしても物足りなさをぬぐいきれず、あらためて「人間にとって火とはなんだったのか」を中心に、授業を試みたいという思いに駆り立てられていった。それにはどうしても言葉で説明するだけではなく、実際に「発火」に成功しておかなければならない。そこで何人かの先生方の手も借りながら、放課後に、何度も何度も「発火」実験に取り組んだ。

いくつかの参考資料を見てみると、まず最初に両手で棒を回転させるいわゆる「キリモミ」式の発火法が紹介されている。そこでまず最初に、その発火法に取り組んでみることにした。棒を板の上で力を入れてすばやく回転して、摩擦を起こす方法である。発火の棒（ヒキリキネ）には、発火しやすいという五十センチメートルほどの真っすぐなタニウツギの枝を使い、板（ヒキリイタ）にはよく乾燥している杉を使って、何人かで交替して挑戦してみることにした。しかし、どう頑張っても煙さえも出てこないのである。

そこで今度は、棒に紐を巻き付けて回転させる、「ヒモギリ」方式に切り替えてみた。棒を早く回転させて、しかも摩擦力を板に強く与えるには、棒の先端をなにかで押さえて回転させなければならない。しかも、棒を上から押さえても、回転が妨げられないようにしなければならない。そこで、細みの湯飲み茶碗で棒の頭を押さえることにし、綿のロープを棒に二重に巻き付けて回転させてみた。スムーズな回転になるまでに少し時間がかかったが、慣れてくると板からもうもうと煙が出るようになった。

これで完全に成功したと思ったのだが、いくら頑張っても煙だけはどんどん出るのだが、一向に火にならないのである。この実験は二週間ほど続けた。しかし、何度実験を繰り返しても、結果は同じであった。なぜこれほど煙が出ているのに火にならないのか。いくら考えても、そのときは理由を見つけることができなかった。私は、発火実験に成功しないまま、子どもたちにすでに予告してあった「火」の授業に臨まざるをえなかった。

2　発火の成功から祖先の「知恵」をさぐる

後でわかってみれば、なんだそんなことかとなるのだが、ここまできて発火しないのは、実に悔しいことであった。かなり丹念に発火技術の資料を探し、発火の可能性を検討した上での挑戦であったのだが、ついに確かな技術といえるものを捜し出すことができなかった。その当時、確実に発火する条件がなにかがよく書かれている本、とくに確実に発火実験に成功した上で、それにもとづいて書かれた本がなかったように思う。たとえば「キリモミ」式であれ、弾み車をつけて上下運動を回転運動に変える「マイギリ」方式であれ、発火させるための板（ヒキリイタ）の棒の回転の位置の多くは、板の中央で回転させるものであった。また、「マイギリ」方式としながら、弾み車がないため、発火しないどころか、摩擦を起こすための棒の回転さえも全く起こらないような「発火法」の復元図さえあった。

実験してみて初めてわかることだが、「マイギリ」方式の場合は、板の中央で回転させると、煙はどんどん出るのだが、ほとんど火にはならないのである。それは、回転するときに摩擦によって出てくる高温の炭が、回転の穴（ヒキリウス）のまわりに散って、たちまち炭の温度が冷えてしまうからである。

一方発火に成功する場合は、ヒキリウスがヒキリイタの端に、あらかじめ回転しやすいように彫り込まれていて、しかも、ヒキリウスに溝（ヒミゾ）が掘られていて、高温の炭が回転とともにそこから落ちて、一か所に溜まりやすい仕組みになっているのである。高温になった炭は、ヒミゾから一か所に溜まって、炭の温度は、次々と落ちてくる高温の炭の中に閉じ込められて、やがて炭の内部が発火点に達し、赤い火の塊が炭の中から全体に広がっていくのである。

この回転摩擦による発火法については、小学校の国語の説明文「火の話」（日本書籍四上、平成元年版）に取り上げられていたことがある。その文章の中に「木と木をこすり合わせると、熱が出て木がこげ、火のついた炭の粉が出始めます。」と記述されていた。実際は、「火のついた炭の粉」が出始めるのではなく、高温になって溜まっている炭の粉の塊の中から煙が昇り始め、その高温の炭の塊に注意深く息を吹きかけていくと、中から火が上に広がってきて見えるようになるのである。教科書のこの記述が正しくないことを指摘して、訂正を出版社に求めたことがあるが、教科書の編集にかかわった方は、いくつかの本を参考にして書いたもので、実験をして確かめていないので、その誤りには気づかなかったということであった。

こうした誤りは、最近は比較的に目に付かなくなったものの、長いこと多くの出版物に載せられてきた。それに疑問を呈する人がほとんどいなかったのは、書き手もはもとより、読み手も、実験をして自分で確かめることをしなかったからであるのは疑いのないことである。

実際に発火実験をしてみて、初めてわかってくるようなことが少なくない。「キリモミ」式の発火法は、誰か一人の天才的な人間が開発した技術ではないかと考えていたが、実際に実験してみると、その発火の困難さから、とても一人の力だけで成功したとは思えなくなってくる。ヒキリキネを両手で力を入れて回転させていくと、手の位置がだんだん下がっていき、どうしてもまた上に持ち替えなければならなくなる。ところがその瞬間にヒキリウスでの摩擦熱が下がってしまう。その熱が冷めないように、一人で摩擦を続けていくことはほとんど至難の業である。

ところが、子どもたちにグループでこの実験に取り組ませてみると、子どもたちは一人ひとり交替しながらやるのではなく、二人や三人が一緒になって回転し始めるのである。一人の手が下にいって回転が終わりそうになると、すぐにもう一人が間をおかずに上から回転を始める。七〜八十センチメートルぐらいの棒だと、同時に二人で一緒に回転させることをやり始める。こうして子どもたちは、私などが予想もできなかった共同作業で、ついに発火に成功してしまうのである。

こうした予想もしなかった事実が起こってからあらためて考えてみると、「キリモミ」式の発火法は、一人が開発した技術ではなく、少なくとも二人以上の共同の技術として開発されたものに違いないように思えてくる。

それにしても、「キリモミ」式の発火法は、発火に成功するまでにかなり労力のいる作業である。もっと楽に発火できる方法がないかと、古代人たちも考えたに違いない。すぐに思いつくのは、棒に縄をまいて回転させる「ヒモギリ」での方法である。しかし、この方法では、一人でやるには無理がある。だから少なくとも二人でやったに違いないが、古代人たちは、この方法に習熟すると、さらにどうしたら一人で棒を回転させることができるか、それを模索し始めた違いない。そして、当然の成り行きとして、「ユミギリ」式の発火法を開発したのではないかと想像する。

「ユミギリ」式の発火法は、習熟すると実に発火の効率のいい方法であり、三十秒もすると火にすることができる。持ち運びも簡単で、発火具を作るのも、「マイギリ」式などに比べるとはるかに作りやすい。「マイギリ」が発火具としてもっとも完成したものであるようにいわれることがあるが、実際に作って使ってみると、「ユミギリ」法はこれ以上に開発する必要はない高度の機能性を持っていることがはっきりわかってくる。「マイギリ」は、本来石に穴を空ける道具として開発されたものが発火具にも転用されたという説もあるが、道具作りの大変さからすると、そのほうが筋が通っているように思える。

こうしたことは、実際に道具を作ってみて、そして使ってみて、初めて感じたり、考えられたりすることであり、単に本で読んだだけのときには全く想像さえしなかった世界に、今自分がいることを実感する。実験し、確かめる以前の発火法の知識、キリモミ式、マイギリ式といった「言葉」は、言葉としてしてはなんとなくわかったつもりでも、その実質を持たない、単なる「言葉」でしかありえなかったことがよくわかってくる。実験し、実際に発火に成功し、発火具がどんな構造や機能を持ち、それがどのようにして発火に結び付くのかという「こと」「わけ」が明確に把握できるようになると、それぞれの「言葉」も豊かな内実を持って、その存在感やそこにある必然性や妥当性を実感させるものとなってくるのである。

3 「発火法」の改良から見えてくる祖先の工夫のあと

子どもたちに、古代の人たちはどのようにして火を手に入れたかを尋ねてみると、多くの子がキリモミ式の発火法で火を起こしたと答える。火は簡単に起こせるものだと思っている子が多い。後で実験で確かめるけれど、古代人が火起こしに成功するようになったのは、早くて数万年ぐらい前のことで、それ以前は、自然にある火の元から手に入れるしかなかったと話して、それでは自然の火は、いったいどこにあるのかを考えさせてみる。

子どもたちからは、山火事や火山の噴火、落雷での火事といった答えが返ってくる。おそらく落雷による山火事が、火を手に入れる機会としてはもっとも多かったのではないかと話して、そこから、火が使えるようになったときと、それ以前の火のない時代とでは、古代人の生活にどんな違いがあるかを「問い」かけてみる。およそ百万年以降の人類の出来事としてである。

子どもたちから返ってくる考えは、まず食べ物を火で焼いて食べるようになったというのが多い。次いで、火で、寒さから身を守ることができた、猛獣から身を守ることができた、などが返ってくる。それぞれの考えをもとに、具体的にはどんな火の使い方をしたのか、それがそれまでの生活よりもどんな点が改善されたのか、それを考えさせた上で、そこからさらに、大事な火を消さないようにするためには、どんな注意が必要になるかを考えさせてみる。

まず、火を守るためには、雨が当たらないようにしなければならない。まだ、雨を防ぐことができるような住居を作る力がなかったとすれば、雨が当たらない洞窟のような所を探すしかない。しかし、そういう場所は、すでに猛獣の棲み処となっている場合が多い。そうだとすれば、猛獣をどうやって追い出したのか。子どもたちの追求は続く。

まだ槍などの道具を十分に作れなかったとすれば、火を使って追い出したのではないかと子どもたちは考える。でも、古代人たちは、一か所に定住していたのではなく、移動して狩りや採集の生活をしていたのではないか。そうだとすれば、移動するとき、火をどのようにして消さないで持ち運ぶことができたのだろうか。さらに子どもたちは考える。

古代人たちが移動するとき、どのように火を運ぶことができたか、その工夫が当然行われていたと考えられるが、いろいろな火の歴史にかかわる資料を探しても、それに対する確たる歴史的な事実は見つけることができないでいる。子どもたちも、松明を作るなど、いろいろ想像してみるけれども、確信を持てるような考えにたどり着くことはできない。それ以上の深追いは無理だと考え、もし運ぶ途中で火が消えてしまったら、どうしただろうかを考えてみることにした。

他の人類の仲間から、火をもらえばいいのではないかと考える子もいる。しかし、何十万年も前に、人間の仲間がそんなに近いところにいたとは考えられないから、火が消えたら、次の山火事が起きるのを待つしかないのではないかという反論も出る。そこで、そうなったとき、なんとしても、自分たちの力で火を起こせるようになりたいという気持ちが強くなったのではないか。そしてまた、どうしたら火を起こせるか、それに人類の祖先たちはたえず挑戦していったのではないかということになった。

それでは、火起こしにどのように挑戦したのか、その跡をたどってみることになった。子どもたちが、最初の火起こしの方法としてあげるのは、「キリモミ」式の発火法である。実際に火になるかどうか試してみる。何人か挑戦しても、煙さえ出ない。そこで二人か三人でやってみる。やっと少し煙が出始める。しかし、当分火にはなりそうもない。そこで、どうしたらもっと早く回転できるか、もっといい方法はないだろうかと考えさせてみる。しかし、いいアイデアは子どもたちからはなかなか出てこない。

そこであらかじめ用意していた「ヒモギリ」式の発火法の道具を出し、昔の人は、こういうものを考え出した、これをどう使ったのだろうと、その使い方を何人かの子どもたちに試させてみる。なかなかその使い方にたどり着けないのだが、ヒントを与えて、実験に取り掛からせてみる。交互にひもを回す人二人、ヒキリキネの頭を竹の節で作った筒で押さえる人、ヒキリイタを動かないようにする人、合計四人の共同作業である。

これで煙はもうもうと出るようになった。ところが火にはならないのである。熱い炭はどんどん出てくるのに、ヒキリウスにヒミゾを切っていないので、炭は回りに散って、すぐに温度が下がってしまうのである。これだけ煙が出ても火にならないのは、いったいなぜなのだろうか。子どもたちに「問い」かけても、子どもたちからはなんの反応も返ってこない。また、四人でやるのは大変だから、これを一人でやるにはどうしたらいいだろうかと「問い」かけてみる。これにも反応がない。子どもたちの推論の範囲をはるかにこえているようである。

そこで、「ユミギリ」式の発火器を出して、これだと一人でもできることを説明する。子どもたちに使い方を説明して、発火に取り組ませてみるのだが、このやり方はその操作にある程度習熟しないと難しいので、なかなか発火まではたどり着けない。もうあまり時間がないので、子どもたちにとって一番発火に成功しやすい「マイギリ」式の発火器を出して、使い方を試させてから発火実験に取り掛からせる。六年生の女子でも、一分から遅くて二分以内に発火に成功する。ヒミゾを切って、高温になった炭が一か所にたまりやすいようにしてあるからである。

子どもたちに、なぜいままで火にならなかったのか、ヒミゾのあるなしが、なぜ発火を決定的というほど左右するのか、それをじっくりと考えさせる。子どもたちは、回転摩擦の力だけでなく、ヒミゾにも秘密があったことに驚く。また、上下運動で、持続的な回転運動を作り出すマイギリの発明にも感動している。

四つの発火法を実験でたどってみるとき、そこに古代人たちが、より効率的な道具の改良にどのように取り組んできたのか、その跡をはっきりと読み取ることができる。子どもたちは、そこに古代人たちの工夫のすばらしさ、祖先たちがたえずより良いものを作り出そうとしてきた心の軌跡を、目に見えるものとしてとらえ、あらためて、人類の祖先たちをより身近な存在として感じ取っていくのである。

この授業を、中学生に試みたときの感想の一部を紹介したい。

ぼくは最初、人間の歴史というのは、ただ火を使うとか、道具を使うとかだけだと思っていたら、今日の授業で、その火の歴史の中身、人間の顔や体、じゅ命にも関係していることが分かった。武田先生は、道具を使いながら説明してくれる。非常に分かりやすい授業だった。いままで習ってきて、わからなかったことも分かってきたし、人間の生き方も少しだが分かった。少し緊張したけれど、終わってから、なんだか、心がふくれ上がったように満足している。

先生の授業で、一番最初に当てられて答えをまちがったが、僕はそれでよかった。まちがっていると分かったので…。今日の授業は、本当に自分のためになった。

（青森県中学校二年、男子）

今日の授業は、私達にとってなぞの一時間でした。まだわからないことをいろいろ想像したりして、とてもたのしい時間でした。僕たちのために、いろいろの材料を用意してくれて、すごく感動しました。この一時間が長いようで短いような授業でした。

また、自分たちの祖先はどうであったかという問題で、猿人たちや原人たちが、生活するのに必要なものをどうやって手に入れたか、という問題で、一時間を過ごしました。それは深い深いなぞの一時間でした。

（青森県中学校二年、男子）

第6章　「いのち」とはなにかを考えよう
――「私」の「いのち」を支える「体の知恵」に目を向けよう

I　「生命誕生」のドラマ

1　教科書にみる「赤ちゃん誕生」

人はどのようにしてこの世に産まれてくるのか、そこには精子と卵子の奇跡的な出会いから始まって、誕生までにさまざまな神秘的というべき胎児の変化、成長の過程をたどることができる。人間の誕生も、当然のことではあるが、人類の出現から始まるものではなく、三十数億年に及ぶ生命の遺産が、その生命の仕組みや働きにさまざまな姿で宿されている。

赤ちゃんの誕生は、たった一つの受精卵から始まる。受精卵の大きさは〇・二ミリほどだが、受精から十か月ぐらいたって生まれるときは、体重は三キログラムぐらいまでにもなり、細胞の数はおよそ六兆個にもなっているという。ただ大きくなっているだけでなく、生きていくために必要なさまざまの体の仕組みと働きが、十か月ぐらいの間に、次々と作られていって、誕生を迎えるのである。そこには精巧な体の設計図があり、それをもとに生きて活動していくために必要なすべてのものが準備されていくのである。その生命誕生の営みのすばらしさ、不思議さに、子どもたちをたっぷりと触れさせていくことは、学校教育の大事な課題の一つではないかと考える。

中学校学習指導要領では、どういう理由からであるかはわからないが、「人の誕生」は全く取り上げられていない。『小学校学習指導要領解説　理科編』（四七頁）では、五年生の「生物と環境」の「内容の取扱い」（2）「人が母体内で成長して生まれること」で取り上げられ、次のような解説がされている。

> 人が母体内で成長して生まれることについては、資料を基にして調べ、受精した卵が母体内で少しずつ成長して体ができていくことをとらえるようにする。また、人は母体内で、へその緒を通して母親から栄養分をもらって成長することをとらえるようにする。

この学習指導要領にもとづいて、教科書（『新しい理科五上』東京書籍、平成一六年検定済、三二～三六頁）には、子どもたちが疑問をもとに調査する学習をどのように進めるか、また調査してわかったことをどのようにまとめ、発表するか、といったことを中心に、次のような文章が載せられている。

調査1
・人の子どもは、母親の子宮の中で、どのように育って、うまれてくるかを調べよう。
・調べることと調べる方法を決め、くわしく調べる。
調べ方の例
・養護の先生に聞く。本で調べる。ビデオやコンピュータで調べる。このほかに、お医者さんや子どもをうんだことのある女性に聞くなどする。

そして、子どもたちが調べてわかったことはなにかを想定して、赤ちゃんがお母さんのおなかの中で育っていく様子を表す絵と胎児の写真とがあり、その絵と写真の説明も含めた次のような文章が載せられている。

――子宮の中の胎児の変化の様子の絵
女性の卵子と男性の精子が母親の体内で結びつく（受精という）と、生命がたんじょうして、受精卵が成長を始める。
――約七週、約十一週目の胎児の写真
子どものへそのおは、母親の子宮のかべにあるたいばんとつながっている。子どもは、たいばんとへそのおを通して、母親から養分などをとり入れ、いらなくなったものを返す。母親の子宮の中で成長した子どもは、受精してから、およそ三十八週（二六六日ぐらい）たつと、母親からうまれ出てくる。

この後に、子どもたちが調べたことをまとめた例として、次のような文章が載せられている。

生命のふしぎ　　　　七月十二日

人の赤ちゃんは、お母さんの子宮の羊水にうかんで、ゆりかごにいるように守られて育っていきます。はじめはとても小さい受精卵がだんだん育って、心ぞうができて、血液が流れるようになり、赤ちゃんになるなんて、とてもふしぎで、すごいと思いました。

子宮の中の赤ちゃんは、へそのおを通して、おかあさんが食べたものの養分をもらって、育っていくことがわかりました。へそはどうしてあるのかと思っていましたが、へそのおが、お母さんと赤ちゃんの生命をつなぐパイプで、大切なものだとわかって、へそをとてもかわいく思いました。

子どもたちが調べようとした課題は、「人の子どもは、母親の子宮の中で、どのように育って、うまれてくるか」であり、それを「くわしく」調べることがこの学習の中心課題とされている。その調査の結果、子どもたちがわかったことの例示として、「子どものへそのおは、母親の子宮のかべにあるたいばんとつながっている。子どもは、たいばんとへそのおを通して、母親から養分などをとり入れ、いらなくなったものを返す。」という説明がなされている。しかし、子宮の中の胎児の写真には、胎盤は含まれていないし、赤ちゃんが育っていく様子を表した絵にも、胎盤の働きがわかるような絵は示されていない。

子どもたちが「くわしく」調べを進めていくとすれば、もっとたくさんの疑問が出てきて当然ではないだろうか。とくに「子どものへそのおは、母親の子宮のかべにあるたいばんとつながっている」という文章があるが、これだけでは「たいばん」がどんな役割をしているか、子どもたちには全く理解できないはずであり、胎盤についての疑問が出てくることが十分に予想される。

また、まとめの文章には、「子宮の中の赤ちゃんは、へそのおを通して、お母さんの食べたものの養分をもらって、育っていくことがわかりました。」とあるが、教科書本文の説明は、「子どもは、たいばんとへそのおを通して、母親から養分などをとりいれ」となっていて、説明の内容に食い違いがある。子どもたちがこの二つの意味をよくわかろうとするなら、胎盤とへそのおにはどんな関係やつながりがあるのか、それをもっと知りたいと思うのは当然ではないだろうか。しかし教科書には、そうした疑問が出た場合、さらにどう解決していくべきかについては言及されていない。

2　子どもたちが本当に知りたいことはなにか

子どもたちはそうした疑問を持ち、その疑問を解決していく調べ学習に取り組んでいくとき、たくさんの新しい発見をしていく。しかし、調べ学習に多くの時間を割くことはできないので、そうした発見ができるように、子どもたちの疑問を予想し、それに応えられる資料を予め準備しておくことが、授業を効率的に進めていくためにはどうしても必要になる。また、グループ学習等で、調べる課題を分担し、調べた結果を交流し合うなどの授業作りを工夫したい。

そうした調べ学習を通して、子どもたちは、まず胎盤までいく血液はお母さんの血液であるが、胎盤からへそのおを通して赤ちゃんの体の中に運ばれていく血液は、赤ちゃんの血液で、お母さんの血液ではないことに気づいていく。そしてさらに、胎盤でお母さんの血液から養分を受け取るのは、赤ちゃんの血液であって、お母さんの血液がへそのおを通してそのまま赤ちゃんの全身にまで運ばれているのではないことを知って驚く。つまり、お母さんの血液と赤ちゃんの血液は、血管がつながっていて交じって流れているのではないのである。お母さんの血液が赤ちゃんの血液と交じらなくても、赤ちゃんが生きていくために必要なもののやり取りが、「たいばん」で、薄い膜（胎盤膜）を通して行われていることがわかっていく。この発見は、子どもたちの大きな驚きである。

そのことが子どもたちに明らかになっていくとき、それではどうして血がつながっていないのに、胎盤で赤ちゃんが養分を取り入れ、いらないものを母親の血液に返すことができるのかという胎盤の働きそのものへの疑問が、当然ながら子どもたちから生まれてくる。そしてここにいたって初めて、「へそのお」が母親と赤ちゃんの命のやり取りの場なのではなく、胎盤こそが赤ちゃんの命を支えていることを、子どもたちは理解していくことになる。

その点で、この教科書での調べ学習では、「へそのお」を調べることが課題の中心となっていて、胎盤を通しての赤ちゃんの成長、生命の誕生の不思議さに、子どもたちが驚き、感動していくことができるような、本質的な生命誕生の学習内容とはなりえていないことを指摘しておかなければならない。

この教科書の調べ学習では、胎盤の仕組みまで調べるのは、小学生には高度に過ぎる内容であり、そこまで深入りすべきでないという前提に立っているのであろう。しかし、子どもたちの疑問をもとに、それを解決していく学習を試みるとするなら、子どもたちがぜひ調べたいという思いに、あらかじめ「はどめ」を設けてしまうのは好ましいことではない。調べ学習を進めるとするなら、子どもたちの追求したい課題を限定せずに、子どもたちの疑問を大切にし、それが解決できる課題かどうか、子どもたちと一緒に考えながら選択していくようにしたい。この教科書のように、胎盤を通しての養分のやり取りを説明しておきながら、その仕組みには全く触れないような浅いレベルでの調べ学習では、子どもたちはけっして満足できないことを強調しておきたい。

この教科書の内容をゴールとするような学習では、「人の誕生」の不思議さをとうてい解き明かすことはできないが、教科書の例示は学習のゴールではなく、あくまでも導入的な学習であり、学習指導要領の『解説』は、発展的な学習として、もっと掘り下げた学習に取り組むことを推奨しているものと受け止めておきたい。

それではいったいなにを、「生命の誕生」の不思議さ、すばらしさとして、子どもたちに掘り下げさせ、追求させたい課題とすべきであろうか。私は、小学校五、六年生で「人の誕生」の授業を何度か試みているが、子どもたちがとくに興味を持つのは、なんといっても、「母親から栄養分をもらって成長すること」ができる「胎盤の仕組み」のすばらしさと、赤ちゃんの誕生の瞬間に起こる心臓の劇的な変化についてである。それは、子どもたちの想像をはるかに超える、「いのちの知恵」ともいうべき驚くような働きであり、そこに感動がある。

3 「胎盤」と「胎児の心臓」の働きの「なぞ」に挑戦させよう

胎盤は、母親に最初から備わっている臓器ではない。妊娠と同時に新たに作られ、出産とともにその役割を終えて、体外に排出される不思議な臓器である。胎盤は、円形で、直径十五～二十センチメートル、厚さ一・五～三センチメートルで、大きさは、四百グラムほどである。胎児は、この胎盤を通して母親から酸素や栄養分をもらい、炭酸ガスや不要になった老廃物を運んでもらう。

胎盤につながっている胎児のへその緒は、胎盤の中に入ると枝分かれして毛細血管となり、その血管は房状になって、血液を通さなくても物質のやり取りができる特別な薄い膜、胎盤膜に覆われている。この膜に包まれた胎児の細く枝分かれした毛細血管は、母親の血液がそこに噴出するようになっている胎盤腔に、房状にびっしりと並んでいる。胎盤腔には、母親の心臓の拍動とともに母親の血液が噴き出し、胎児の毛細血管は胎盤膜を介して母親の血液にたっぷり浸され、物質のやり取りが行われるのである。そこでは、母親の血液と胎児の血液が交じり合うことはけっしてない。

子どもたちには、直接血液が交じらないのにどうして酸素や栄養のやり取りができるのか、胎盤膜の不思議な働きに注目させたい。こうした胎盤の働きは、もとより人類から始まるものではなく、一億年にも及ぶ哺乳類の進化の遺産を受け継いでいることにも注目させたい。

もう一つ、ぜひ子どもたちに考えさせたいのは、大人の心臓と大きく異なる「胎児の心臓」の仕組みと働きである。胎児は、肺では呼吸していない。それでも必要な酸素を体に取り入れることができるのは、胎盤を通して、お母さんの血液から酸素をもらっているからである。肺呼吸していない胎児の肺には、そこで酸素を取り入れることはできないから、血液をたくさん送る必要はない。胎盤で酸素と栄養分を取り入れた血液は、心臓から肺にはほとんど送られないで、直接体全体に流れて行くようになっていて、胎児の心臓はそのための特別の仕組みを備えている。

右心房に入ってきた血液は、肺呼吸のときは右心室から左右の肺に送り出されるが、胎児のときは大部分の血液が左右の心房の間にある「卵円孔」という穴から左心房に入り、そこから全身に送り出されていく。一部の血液は、肺動脈から大動脈につながっている、胎児のときにだけある動脈管（ボタロー管）からも全身に送られていく。

肺で呼吸が行われていないときは、胎児の気道や肺は羊水で満たされている。この羊水で肺が水びたしになっている状態では、もとより肺での呼吸はできない。しかし、肺での呼吸が始まる前に、羊水は体の外に出されなければならない。赤ちゃんが狭い産道を通るときに押し出されて、一挙に口と鼻から流れ出るのである。そして赤ちゃん誕生の瞬間、しぼんでいた肺が一度に膨らんで、空気が自動的に一杯に入り込んでいく。そのたくさん吸い込んだ息を吐き出すときに、赤ちゃんの声帯が振動して声が出る。それが産声なのだという。

赤ちゃんが数時間かけて産道を通り抜け、やっとのことで産まれ出て肺での自力呼吸が必要となると、もう胎盤から酸素の供給がない以上、ガス交換のためには、どうしても肺に血液を送らなければならない。しかし、卵円孔がそのままで、動脈管が大動脈につながっているかぎり、肺に十分な血液を送ることはできない。ここで、赤ちゃんの体には、劇的ともいうべき大きな変化が起こる。

いままで血液を通していた卵円孔が、わずか二、三分で閉じ始め、動脈管にも次第に血液が送られなくなっていく。それにともなって、右心室から左右の肺動脈を通って、肺にたくさんの血液が送られ始めて、赤ちゃんの肺での自力の呼吸が始まるのである。

いままで肺に送られていなかった血液を、どうしたらほぼ一瞬のうちにその流れを変えて、肺に送ることができるか、赤ちゃんの体の中で起きている劇的な変化とはなにか、子どもたちにとって、それは簡単に考えられるような問題ではないに違いない。しかし、この劇的変化は、教えてしまうにはあまりにももったいない。卵円孔の果たしていた役割はなにかに注目させて、ぜひ子どもたちに、どのようにして肺に血液を送ることができるようになるのか、その「なぞ解き」に挑戦させたい。

こうした「赤ちゃん誕生」の「なぞ」に挑戦する授業を、小学校や中学校で何度か試みているが、子どもたちは、この「なぞ解き」に深く集中して取り組み、そこに起こっている劇的変化に初めて出会って、「生命誕生」のすばらしさ、命の営みの不思議さに驚く。そしてまた、自分を産み育ててくれた、お母さんへの感謝の気持ちをもあらためて深めていく。こうした授業は、なんら道徳的な内容を中心としたものではないにもかかわらず、子どもたちの感想をみるかぎり、心の深いところで、子どもたちの道徳的な心情も豊かに養っているのではないかと思われる。小学校六年生に試みたときの感想の一部を紹介したい。

今日の授業で僕が一番ビックリしたのは、胎児の心臓と普通の大人の心臓の仕組みの違いです。…でも心臓に穴を空けるなんて、大胆というか危険というか、何とも言えないです。その後にもっとすごいのは、生まれた後2～3分の間に、設計図にもとづいて心臓の穴を埋めるなんて、まるで神業、マジックです。設計図がどうやってできるかも不思議です。

（青森県小学校　六年男子）

ぼくがすごいと思ったことは、たった一つの細胞から人の形やその動物の形になっていくのがすごいと思った。お母さんのおなかの中では、とてもすごいことをやっているんだなあと思いました。…赤ちゃんがおなかの中で生きていくための空気や栄養など、お母さんから「たいばん」をとおして赤ちゃんにいき、そして赤ちゃんはいらなくなったものをお母さんにおくり、その働きがすごいと思いました。

（青森県小学校　六年男子）

私は、今日勉強してとてもためになったと思います。私は、人間の体の仕組みは本当にすごくて、すばらしいと思いました。赤ちゃんは、がんばって生きようとしているんだなぁと、今日勉強して実感しました。赤ちゃんもお母さんも一つの生命をつなぐために、私達の知らない所で、すばらしいことをしているんだなぁと思いました。

（青森県小学校　六年女子）

今日武田先生のお話を聞いて、やっぱり人間はすばらしいなぁと思いました。…心臓には卵円孔があり、生まれるときにはふさがることなど、本当に人の体は、いろいろなことをして、やっぱり人はすごいと思いました。…人の体も大変なことをしているけど、お母さんはもっと大変なことをしているなぁと思いました。今度からは、感謝の気持ちも持ちたいです。

（青森県小学校　六年女子）

僕が疑問に思ったことは、お母さんの血液と赤ちゃんの血液が交じって、血が固まってしまうのではないかと思いましたが、…膜のおかげで血液が交じらないで炭酸ガスがお母さんの体にもどって行くことを知り、とてもすごいと思いました。人の体の中の仕組みは、いちいち脳が命令しなくても、自動的に働いていてくれて、感謝したいです。

（青森県小学校　六年男子）

私は、武田先生と勉強して、赤ちゃん誕生のことがよく分かりました。…産まれた時は心臓に穴が空いていることが初めて分かりました。それが2～3分ぐらいでふさがるなんて、劇的だと思いました。私は、人の体は私達の知らないことがたくさんあって、すごく神秘的だと思いました。

（青森県小学校　六年女子）

Ⅱ　消化と吸収の仕組みと働きにみる「いのちの知恵」

1　「いのちの知恵」を学べない教科書

ふだん当たり前だと思っているようなことでも、少し気になって調べてみると、こんなにすごいことが起こっているのかと、初めてわかってくるようなことが少なくない。私たちの体の仕組みは、その典型的ともいうべき例であろう。

私たちは、たえず呼吸をしていなければならない。二分間も息を止めていれば、苦しくて我慢ができなくなる。それはなぜだろうか。また、少し走ったりすると、たちまち呼吸が速くなり、心臓の拍動も早くなる。それはなぜであろうか。体には酸素が必要だとは知っているが、それがどこで、どのように使われているのかとなると、大変怪しくなる。また、赤血球のヘモグロビンが、酸素と結び付いて、体に酸素を運ぶ役割をしていることは知っている。でも、一度結び付いた酸素を、体の必要なところでどうやって切り離すことができるのか、そう考えるとわからなくなってしまう。

体の細胞が活動し、私たちの生命活動が正常に維持されていくためには、まず体温が一定に保たれ、生命活動が正常に働くためのエネルギーが作り出されなければならない。そのエネルギーを作り出しているのが、細胞の中にある超小型発電機の役割をしている、ミトコンドリアと呼ばれる小器官である。ミトコンドリアは、心臓の細胞には二千個もあり、酸素を取り込んで、ブドウ糖などを分解してエネルギーを作り出している。つまり、ミトコンドリアがエネルギーを作り出すことができなければ、私たちは生きていけないことになり、ミトコンドリアが酸素を取り込めなければ、生命活動を維持することができないということになる。

そこではかなり複雑な化学的な反応が展開されているようであるが、そのすべてを理解することはできないことだとしても、なぜ酸素が体に不可欠なのか、それなりに納得できるところまで、その謎を解き明かしていく学習が小学生でも必要であるだけでなく、それは十分に可能だと考える。その「いのち」を支える「体の知恵」を考える授業の試みの中から、小学校六年生での「消化と吸収」の授業の試みを紹介してみたい。

私が、小学校や中学校で「消化と吸収」の授業を試みようと思うようになったのは、小学校のみならず中学校の理科の教科書も、あまりにも説明が一般的すぎて、これでは「消化と吸収」の仕組みのすばらしさ、生命の営みの見事さにほとんど触れることができないという思いが強くあったからである。

「消化と吸収」の取り上げ方は、小学校の教科書（『新しい理科六上』東京書籍、平成十六検定済）と中学校の教科書（『新しい科学2上』東京書籍、平成十七年検定済）ともその説明はごく一般的で、内容は基本的なところではあまり大きな違いがないが、小学校の教科書では、「食べ物の養分をどのようにしてとり入れるのか」という表題で、次のような説明がされている。

人や動物は、食べ物を食べ、その中にふくまれている養分と水をとりいれて、生きている。人では、食べたものは、口、食道、胃、小腸、大腸を通り、こう門から、ふんとなって出される。口からこう門までの食べ物の通り道を、消化管という。

消化については、消化管の絵が示され、それに続いてさらに次のような説明がされている。

食べ物が、歯などで細かくされたり、だ液などでからだに吸収されやすい養分に変えられたりすることを、消化という。だ液のほかに、胃液などにも食べ物を消化するはたらきがある。これらの、食べ物を消化する液を、消化液という。消化された食べ物の養分は、水とともに、おもに小腸から吸収されて、血液にとり入れられ、全身に運ばれる。

中学校の理科の教科書（『新しい科学二上』東京書籍、平成十七年検定済）にも、「食物はどのように体内にとりこまれるか」という表題で、小学校の説明とかなり共通している次のような記述がある。たとえば「消化」という「見出し」では、次のような記述がなされている。

口から始まり、食道、胃、小腸、大腸などを経て、肛門に終わる長い管を、消化管という。食物は、消化管を通る間に、消化される。消化管のほかにも、だ液せんや肝臓、胆のう、すい臓も消化に関係している。胃やすい臓からは、それぞれ、胃液、すい液という、消化液が出る。消化液には消化酵素がふくまれていて、食物の成分を分解し、吸収しやすい養分に変える。たとえば、だ液にふくまれている消化酵素（アミラーゼ）はデンプンを分解する。（一部省略）

食物にふくまれる成分にはたらく消化酵素は、それぞれ決まっている。いろいろの消化酵素のはたきにより、デンプンはブドウ糖に、タンパク質はアミノ酸に、脂肪は脂肪酸とグリセリンに分解される。食物は、消化管をつくる筋肉の運動によって移動しながら消化されていく。そして、消化によってできた養分の多くは、小腸のかべから吸収される。

「吸収」については、次のような説明がなされている。

小腸のかべにはたくさんのひだがあり、ひだの表面にはたくさんの柔毛《じゅうもう》が見られる。消化によってできた養分のうち、ブドウ糖とアミノ酸は、柔毛で吸収されて毛細血管に入る。また、無機物なども毛細血管に入る。ブドウ糖とアミノ酸は、血管を通ってまず肝臓に運ばれ、別の物質になって一時たくわえられたあと、必要に応じて全身に送られる。（以下省略）

これらの文章にとくに間違いといえるものはないが、私たちの体内で起こっているすばらしい生命活動を片鱗も予想させない、なんの発見も感動もない、きわめて事務的ともいうべき文章ではないだろうか。ここに書かれている内容を確認し、それを覚えることを目的とした学習をするだけであれば、そこからはなんらの疑問も起こってはこない。しかし、よくわかろうとして「問い」を立て始めると、たちまち多くの理解困難に突き当たってしまうはずである。

「問い」をあげればきりがないが、たとえば中学校の教科書のきわめて一般的な説明からは、それがどんな「こと」や「わけ」かをもっと知りたいと思うとき、次のような「問い」が出てくるのではないだろうか。

いろいろの消化酵素とはなにか。消化酵素の働きの違いとはなにか。なにを食べたかによって、消化酵素の出方や働きが違うのか。消化によってできたという養分のブドウ糖は、デンプンとはどんなつながりがあるのか。また、タンパク質とアミノ酸はどんな関係があるのか。消化酵素によって、デンプンやタンパク質はどのように変化するのか。そもそも消化酵素で分解されるとはどういうことか。タンパク質を分解する消化酵素は、タンパク質でできている胃や小腸を分解しないのか。ブドウ糖とアミノ酸は、柔毛のどんなところからどのように吸収されて、毛細血管に入るのか。ブドウ糖とアミノ酸は、吸収されるときはどれぐらいの大きさなのか。肝臓に運ばれて、どんな別の物質になるのか、などである。

この文章の説明からは、消化の仕組みがどのようなものか、さらには消化されたものがどのように体内に取り込まれるのか、その過程はほとんど理解することができないといっていいであろう。子どもたちが読んでわからなくても、後は教師がわかるように説明すればよいということであろうか。そうだとすれば、この教科書の記述では、「自ら学ぶ」授業は全く成立する余地がないということになるのではないだろうか。

このような教科書の記述がよくわかっていくためには、教科書の記述をゴールにするのではなく、この教科書の「わからなさ」にこだわることから出発して、「わからない」ものを「問い」として立て、それをよく「わかる」ものへと追求していくことが必要であることを、これまで繰り返し述べてきた。

しかし、なぜこんな教科書にない、しかも難しい「問い」を立てて、その理解にこだわるのか、疑問に思う人もいるであろう。それはなによりも、私たちの体が備えている消化と吸収の仕組みや働きのすばらしさにほとんど触れることなしに、一般的、表面的なことを学び、覚えることが、どれほど学ぶ価値のあることなのかと考えるからである。また、そこにある生命の営みに深く触れていくことこそが、かけがえのない貴重な「いのち」の学習ではないかと考えるからである。

2　「消化と吸収の仕組み」に「いのちの知恵」をさぐる

(1)『驚異の小宇宙・人体』に学ぶ

「消化と吸収の仕組み」については、ＮＨＫが作成した『驚異の小宇宙・人体』(日本放送出版協会、以下『人体』)のシリーズの中に、「消化吸収の妙——胃・腸」というテレビ放送番組がある。私はこの番組でたくさんの新しい発見をしたが、その際、自分の「問い」を明確にして番組を見ることで、そこでは触れられていない、いくつかの問題にも気づくことができた。その「問い」とそこからの追求で新しい発見ができたことが、何度か小学校や中学校で、「消化と吸収」の授業を試みてみようという原動力となった。

食べたものは、唾液や胃液でその一部が消化されるが、さらに小さく消化され吸収されるのは、柔毛そのものではなく、その柔毛一本に約五千個もあるという小腸の栄養を吸収する上皮細胞からで、しかもその細胞の表面に並んでいる微絨毛と呼ばれる一ミクロンほどの膜状の突起からであるとされている。教科書には柔毛とだけあるが（専門用語としては絨毛）、実ははるかに微細なミクロの世界で、そこでの最終の消化は膜消化と呼ばれている。微絨毛から栄養分が消化、吸収されるまでには、消化管の中で、教科書的知識では想像もできないようなことが次々に起こっているのである。まず、胃に目を向けてみよう。

胃でまず驚くことは、胃壁からpH2以下という強い塩酸が出ていることである（pHは酸性・アルカリ性の度合いを十四段階で示す指数で、7が中性、それより数値が低いと酸性、高いとアルカリ性を表す）。なぜこれほどの強い塩酸が必要なのか。この塩酸で、食べ物と一緒に体の中に入ってくる細菌を殺し、体を守ると同時に、この塩酸が作用して、タンパク質の消化酵素、ペプシノーゲンをペプシンに変えて、タンパク質を消化する働きを活性化しているのだという。

私たちが現在もたえずその危険にさらされているように、食べ物の摂取にともなう細菌感染からいかに身を守るかが、生命体にとっては、もっとも基本的ともいうべき生存課題であったに違いない。そのことを考えるなら、塩酸という体に危険な化学物質による殺菌作用の持つ意味は、一応納得できる。しかし、すぐに起こってくる疑問は、それほどの強酸なら、なぜ胃の細胞を壊してしまわないか、ということである。また、ペプシンというタンパク質の消化酵素も、塩酸で消化作用が活性化されるとするなら、タンパク質でできている胃を消化する可能性もあるはずである。それが起こらないのは、なぜなのであろうか。

それは、胃壁にある粘液細胞から粘液が分泌され、胃壁に張り巡らされた粘液の絨毯によって、塩酸やペプシンが直接胃壁に触れることができないように防御されているからだという。この粘液のバリアーは、塩酸に強く、それで胃壁を守っているというが、塩酸は、粘液のバリアーをくぐり抜ける可能性がある。しかし、それでも胃が塩酸から守られているのは、胃壁から塩酸を中和するアルカリ性の重曹が出されているからであるという。

また、ペプシンはタンパク質の消化酵素であるから、食べたものを消化するだけでなく、胃の細胞まで消化してしまう危険性がある。ところがペプシンは、ペプシノーゲンという消化の活性をまだ持たない形で分泌され、それが塩酸に触れて初めて消化能力が活性化するのだという。人の体は、実にうまくできていると感心させられるのだが、そうなると、強酸の塩酸を創り出している細胞（壁細胞という）は、どのようにして、自分の体を傷つけないようにして塩酸を作り出しているかが知りたくなる。今のところ、いろいろの研究書からそのメカニズムを探し出そうとしているが、見つけ出せないでいる。残念ながら『人体』も、その疑問には答えてくれていない。

（2）『人体』からの新たな疑問とその追求

胃に入った食べ物は、当然強い塩酸づけになっていることになる。しかし、小腸に入った食べ物は、弱アルカリ性に変わるという。なにが起こっているからだろうか。『人体』（七四頁）では、次のような解説がされている。

胃の出口、幽門を出て、食べ物は十二指腸に飛び込む。飛び込んだ瞬間、胃で強い酸性をおびた食べ物に、一瞬強いアルカリ性の黄色い液体が吹きつけられ、一瞬のうちに中和される。これは絶妙なタイミングで、強酸性の世界はすべて中性の世界に一変してしまう。黄色い液体の正体は、膵液《すいえき》と胆汁だ。膵臓から分泌される膵液には、炭水化物を分解する酵素、タンパク質を分解する酵素、脂肪を分解する酵素が濃縮されている。肝臓でつくられ、胆管を通って十二指腸に吹き出される胆汁は、食物のなかの脂肪を乳化して、水に溶けやすい状態にし、小腸から吸収していく。（略）

一瞬の中和が起こることはわかるとしよう。「強い酸性」を中和するのは、「強いアルカリ性の黄色い液体」なのだという。その「正体」は、「膵液と胆汁」だという。しかし、その「正体」としていくつかの酵素はあげられているが、酵素は酸を中和するものではない。ここには、中和するための「強いアルカリ性」の液体がなにかは、残念ながら説明されていないのである。

それが気になって調べてみると、実は、膵液に含まれている重曹（重炭酸ソーダ）であることがわかった（藤田恒夫『腸は考える』岩波新書、十一頁）。中和を問題にしながら、なぜ中和する物質に触れなかったのだろうか。やはりよく理解していくためには、つねに「問い」を忘れてはならないことを思い知らされる。

ところで、私たちの食事はいつも同じとはかぎらない。かけそばだけで済ませることもあれば、焼き肉屋で肉をたっぷり食べるときもある。それでは、その時々の食べ物によって、消化液の中の消化酵素には違いがあるのだろうか。あるとすれば、胃や小腸に入ってきた食べ物の違いを、どこで、どのように識別しているのだろうか、そしてまた、食べ物の違いに応じて、消化酵素の分泌は異なるのだろうか。もし異なるとすれば、それはどこで、どのように識別されて、消化液がコントロールされているのか、それが知りたくなる。

残念ながら『人体』には、どこを探しても、それに答えるものはない。そこであちこち調べてみて、やっとその謎が解けた。胃や小腸には、どんな食べ物が入ってきたかを識別する十種類以上ものセンサー細胞があり、そのセンサー細胞が出すホルモンが、血液を通して、食べ物の違いに応じて消化酵素の分泌をコントロールしていることを初めて知ることができた。消化液は、いつも同じパターンの繰り返しではなかったのである（藤田恒夫『腸は考える』岩波新書、四六〜九一頁）。

『消化吸収の妙』で、『人体』の取材班がとくにエネルギーを注いで取り組んでいるのは、栄養の最後の消化、吸収の場面である絨毛、微絨毛の映像化である。絨毛、微絨毛については、次のように解説されている。

小腸の表面をよく見ると、まるで海の世界のイソギンチャクを思わせるような、無数の触手が見えてくる。胃のクレーターのような穴に対して、小腸の壁は、この突起をもつことで吸収の面積を一挙に広げる。三メートルの小腸の壁は、引き延ばせばその面積は、なんとテニスコート二面分にまで広がる計算になる。

一本の絨毛にさらに近づいてみると、絨毛一本一本それぞれが、まるで栄養分を誘い込むように独立して動いているのが確認できる。栄養分は、この高さ一ミリにも満たない絨毛の一本一本から吸収され

るのだ。（略）
そして、絨毛の表面にさらに近づくと、無数の六角形が見えてくる。その六角形の一つ一つが栄養分を吸収する油脂、栄養吸収細胞（吸収上皮細胞）だ。一本の絨毛に、約五〇〇〇個集まり、絨毛を形づくる。小腸全体に絨毛が三〇〇〇万本。栄養吸収細胞の数は、一五〇〇億個にもなる。（七四〜七五頁）

栄養分が最終的に吸収されるのは、一個の絨毛に約五〇〇〇個もある栄養吸収細胞一つ一つからであるという。しかし、実際に栄養分の吸収を行っているのは、細胞そのものではない。細胞のどこから吸収されていくのか、それについては、さらに次のように解説されている。

限りなく近づくと、また絨毛と同じ構造が見えてくる。微絨毛だ。直径一万分の一ミリ高さ一〇〇〇分の一ミリ、一つの細胞におよそ二〇〇〇本、規則正しく、整然と並んでいる。この微絨毛のさらに表面から、栄養分は吸収されていく。（八〇頁）

この解説をつないでいくと、栄養分が最終的に吸収されるのは、直径一万分の一ミリ、高さ一千分の一ミリの微絨毛の表面からということになる。『人体』では、そこまで計算していないが、一五〇〇億個あるという栄養吸収細胞に二〇〇〇本あるという微絨毛から栄養分が吸収されるとするなら、小腸全体の微絨毛の数は、一五〇〇億個×二〇〇〇本＝三〇〇兆本となり、この三〇〇兆本の微絨毛の表面積の総和が、栄養吸収の面積ということになる。人間の体の細胞数は、約六〇兆といわれているから、その五倍にもなるすごい数であることに驚かされる。

三〇〇兆本の微絨毛の表面積の総和が、計算上「テニスコート二面」もの広さになるということのようだが、あまりそのことに感心だけしていないで、そのことの持つ意味はなにかをもう少し考えてみたい。

最終的にアミノ酸やブドウ糖にまで分解された栄養分は、微絨毛の表面から吸収されるが、微絨毛にはたくさんの穴（細孔 ― 空腸では直径七～九オングストロームという）が空いていて、その穴から吸収されていく。その穴は、一つの微絨毛にどれくらいあるかがよくわからないが、吸収される栄養分の大きさは、一ミリの一〇〇〇分の一、つまり一ミクロンをさらに一〇〇〇分の一にしたほどに、きわめて微小であることからすれば、数十以上はありそうである。そうなると、吸収する穴の数は、三〇〇兆の数十倍、あるいはそれ以上の膨大な数にもなりそうである。もし、この前提が誤っていなければ、それではなぜ小腸はこれほどの吸収面積と吸収口を備えている必要があるのか、それがさらに疑問になってくる。

デンプンやタンパク質は、たくさんのブドウ糖やアミノ酸がつながってできている。お米一粒には、どれぐらいのデンプン粒が含まれているのだろうか。調べてみると、三十億個のデンプン小粒があるという（星川清親『米』柴田書店、一二四頁）。一個のデンプン小粒が、かりに一千個のブドウ糖分子がつながってできているとすれば、ご飯一粒が最終的に消化されたときのブドウ糖分子の数は三兆個にもなる計算になる。茶碗一杯のご飯の米粒は二千個ほどというから、ご飯一杯分だけで、最終消化されるブドウ糖分子の数は、六千兆個にもなることになる。一回の食事では、そのほかの食べ物もたくさん取るのであるから、微絨毛から吸収される最終消化の栄養分の分子は、実に膨大なものになることがわかる。

このように膨大な最終消化の栄養分の分子の数を考えるとき、微絨毛を広げた小腸の栄養吸収の面積が、テニスコート二面ほどの広さにもなるというその必然性が納得できる。比較的短時間に、効率よく消化し、吸収することができなければ、私たちは六十兆個の細胞の活動を支えることができないことに、その消化、吸収の仕組みの絶妙さは結び付いているのではないだろうか。それにしても、ご飯一粒の三十億個のデンプン小粒を、六千兆個ものブドウ糖分子にまで消化する消化酵素の働き、その消化能力のすごさには、ただ驚くほかない。

3　「消化吸収の妙」に挑戦する授業の試み

教える授業ではなく、教科書を最大限に活用しつつ、消化吸収の仕組みの見事さを、ぜひ子どもたちに発見させたい。発見することを目標とするとすれば、そこに向けての追求課題も、ぜひ子どもたちが見つけ出して欲しい。しかし、その「問い」を、すべて子どもたちの自発性にだけ期待することはとうていできることではない。そうだとすれば、その「問い」が生まれてくるための条件設定を工夫することが必要となる。

ここで授業の内容を十分に紹介する余裕はないが、授業者がぜひ発見してほしいと願う「問い」や考えが、子どもたちから提出されてくることを期待して、次のような説明や資料の提示を行うこととした。

胃液には、塩酸が含まれている。細菌が体の中でどんどん増えてしまうなら、生命はたえず危険にさらされていくことになる。完全ではないとしても、強い塩酸で殺菌することで、私たちは日常的に起こりうる生命の危険から免れているのである。その強い塩酸にさらされた食べ物は、胃から小腸へと入っていく。

そこでいったいなにが起こっているか。強い塩酸は胃や小腸の細胞を壊さないのか、といった「問い」が、子どもたちから提出されてくることを期待しての説明である。教科書には、微絨毛での消化吸収の仕組みが説明されていないが、実は、微絨毛一本一本が最終の消化吸収の場所であり、その微絨毛は小腸全体では三〇〇兆本もあり、その表面積は全体で二〇〇平方メートルにもなることを説明する。ここでは、最終の消化吸収の場所が、なぜそれほど広いのか、広いことでどんな働きをしているのか、といった「問い」が出てきてほしい。

しかし、この問題は、消化吸収される栄養分についての理解なしには考えられないことである。そこで、さらに次のような説明を付け加えることにした。

デンプンはブドウ糖の分子が千個以上つながってできている。米一粒には、三十億個のデンプン小粒があるといわれるが、お米一粒が消化されると、ブドウ糖分子は三兆個にもなる計算になる。茶碗一杯のご飯の米粒は二千粒ほどあるとすれば、ご飯一杯だけで、最終消化されるブドウ糖は、六千兆個にもなることになる。一回の食事では、そのほかの食べ物もとるのであるから、微絨毛から吸収される栄養の最終分子の数が、いかに膨大なものとなるかわかるはずである。

ここでは、吸収されていく栄養分と微絨毛の表面積との間に、どんな関係があるのか、それを子どもたちに考えてほしい。

子どもたちが深く考え、確かな理解を形成していくためには、どうしてもそれにふさわしい教材、考える手掛かりとなる学習の資料も必要となる。

最小単位にまで分解された栄養素は、自然に微絨毛の膜から栄養吸収細胞の中に入っていくのではない。それをすばやく運び込む運び屋、担体（キャリア）が膜の吸収口で待ち構えていて、次々と栄養吸収細胞へと運び込んでいるのというのである。ここではこれ以上立ち入らないこととするが、吸収の仕組みも実は大変複雑なのである。

まだまだ驚くような事実は少なくないのだが、こうした授業の試みを、子どもたちはどのように受け止めるのか、小学校六年生での授業の感想の一部を紹介しておきたい。

普通に教えると、教科書通りに進めて、これで終わりになる所を、武田先生はその題から疑問をつなげて、さらに次の話題に進み、それに加えて資料を見せて、これはなにを表している等、とてもわかりやすい授業だったと思います。

（青森県小学校　六年男子）

今日ぼくは、本当にきちょうな体験をしたと思います。ふつう分かったならそれで終わりなのに、分かったらなぜこうなるのか深く深く考えていくので、本当にこれなら理解できると思いました。一つの問題から次々と問題がうかびあがるなんてすごいと思いました。それに、その一つ一つにすごく深くかかわりがあることも分かりました。私は、一つの問題からたくさんの問題を考えていこうと思いました。

（青森県小学校　六年男子）

胃に強い塩酸が触れても、粘液が胃をカバーしたり、重炭酸ソーダが中和してその他の部分を溶かさぬようにしたり、一番最後の微柔毛がデンプンをブドウ糖に変えるなど、人間の体は、進化の歴史を刻み込んだ、とても優秀な体の働きをしていると思います。

（青森県小学校　六年男子）

僕は、今日授業してみて思ったことは、「あっ、こういうようにすれば、勉強が楽しくなるんだ」ということです。その疑問を見つけるのは大変だけど、見つかればどんどん考えを出し、それを考えていくのはおもしろいと思いました。自分で勉強するときも疑問を持ち、それをどんどん調べていきたいです。

（青森県小学校　六年男子）

第7章　自分の体と心をとりもどそう
――子どもたちの学びをエンパワーするために

I　自分の体をとりもどす

1　「体ほぐしの運動」とはなにか

平成十四年度から実施されている現在の学習指導要領で、小学校五、六年の体育の「体づくり運動」に、初めて「体ほぐしの運動」という名称で呼ばれる運動が取り上げられている。「体ほぐしの運動」が取り上げられるようになった理由について、『小学校指導要領解説　体育編』では、「児童生徒の体力等の現状を踏まえ、心と体をより一体としてとらえる観点から、新たに自分の体に気付き、体の調子を整えるなどの『体ほぐし』（仮称）にかかわる内容を示す」（三頁）として、この運動のねらいについて、「第五学年・第六学年の目標及び内容」（六八～六九頁）の中で次のように解説している。

体ほぐしの運動は、次のようなねらいを持つ運動である。

①体への気づき　②体の調整　③仲間との交流

体への気づきとは、運動を通して自分や仲間の体の状態に気づくことができるようにすることである。

体の調整とは、手軽な運動や律動的な運動を通して日常生活での身のこなしや体の調子を整えることができるようにすることである。

仲間との交流とは、運動を通して仲間と豊かにかかわる楽しさを体験し、さらには仲間のよさを認め合うことができるようにすることである。

このように、体ほぐし運動は、手軽な運動や律動的な運動を行い、体を動かす楽しさや心地よさを味わうことによって自分や仲間の体の状態に気づき、体の調子を整えたり、仲間と豊かに交流したりすることができることをねらいとして行われる運動である。

〔行い方の例〕

体ほぐしの運動については、その趣旨から、他の運動領域のような例示とは異なるので、体ほぐしのねらいに基づいた「行い方の例」として次のように示すこととする。

・のびのびとした動作で用具などを用いた運動を行う。
・リズムに乗った体操など心が弾むような動作で運動を行う。
・互いの体に気付き合うようなペアでのストレッチングを行う。
・いろいろの動作などでウォーキングやジョギングを行う。

「体を動かす楽しさや心地よさを味わうことによって自分や仲間の体の状態に気づき、体の調子を整えたり、仲間と豊かに交流したりする」というのだが、まず「自分や仲間の体の状態に気づき」とは、どのような働きかけや触れ合いを通して、どんな体の状態に気づくことを意味しているのであろうか。「体ほぐしの運動」というのであるから、体の緊張を「ほぐす」運動なのではないかと考えるが、そうだとすれば、その運動に先立って、なによりもなんらかの方法で、自分や仲間の体の緊張状態を知ることが必要なのではないだろうか。

『解説』によれば、「体を動かす楽しさや心地よさを味わう」ことや「ペアでストレッチングを行う」ことによって、体の状態に気づくというのであるが、たとえばストレッチングを行うとしても、どのように体を動かして、体のどんな状態に、どのように気づくことができるのか、『解説』からは全く見えてこない。したがって、「体の調子を整える」といっても、どんな状態がどのように「整え」られることになるかも、この文章からは全く理解することができない。

「のびのびとした」運動や「律動的な」運動など、楽しい運動や気持ちのいい運動をすることが、「体ほぐし」につながるというのが『解説』の考え方のようであるが、そう判断できる体の捉え方の根拠はなんであろうか。「体ほぐし」が必要な、どのような「体の状態」を、より望ましい状態に変えていくために、どのような運動を、どのように行うのか、その具体的な説明が全くないところで、『解説』は子どもたちになにを学ばせようとしているのであろうか。ことさらこれまで「体ほぐしの運動」に取り組んだことがない教師たちが、しかも小学校の場合は体育を専門としない教師がほとんどであることを考えるなら、この『解説』をもとに、「体ほぐし」の授業にどのように取り組むことができるといえるであろうか。

「体ほぐしの運動」を取り上げる意味は、単に体をほぐすという運動を行うということを超えて、そのねらいが示しているように、まずなによりも「自分や仲間の体の状態に気付く」ことこそが、必要だからではないだろうか。自分の体が、今どんな状態なのか、生き生きとして活動的な体となっているのか、それとも活力を失って、疲れやすい、体の不調を起こしやすい体になっているのか。それに気づいて、体の状態をより望ましい状態に調整していくことができる運動を、教師たちが指導、実践できるようなより具体的な提案こそが、今体の教育にもっとも求められていることではないだろうか。

2　自分の体をとりもどすために

小学生や中学生の健康状態を、自覚症状と首筋、肩、背中の筋肉の緊張状態を確かめる触診による調査を交えて、授業開始前と放課後一日二回にわたって、医学の専門家と五日間継続的に調査したことがある。その調査で確かめられたことは、よく頭痛や腹痛を起こす子どもたち、疲れやすい子や風邪を引きやすい子たちは、ほとんど例外なく、首筋や肩、背中や腰背部の筋肉に強い緊張、こわばりがあることである。そして、別の機会に、その緊張を緩めるような運動を指導して、数週間その運動に継続して取り組ませてみると、体調がかなり改善していくことも確かめることができた。体の緊張と体の不調とには、密接な関係があることがわかった（武田忠『教育における子どもの復権』八〇～九八頁、柏樹社)。

子どもたちの体に、どうして強い筋の緊張が起こっているのか、その原因は体質的な要因に加えて、生活リズムの乱れやさまざまなストレスなど、単純な要因に限定できない複雑な背景をともなっていると考えられるが、かりにその要因が特定できたとしても、体の不調を改善していくことは、必ずしも容易なことではない。そうした筋肉の過度の緊張をどうしたらほぐすことができるかも重要なことであるが、その前に、できるだけ緊張を起こさないような日常の体の使い方ができるなら、それにこしたことはない。

私たちの体は、重力の影響を受けているから、ただ立っているだけでも体を支えるために、全身の筋肉が一定の緊張を必要としている。体が真っすぐに立っていて、体の重さがほとんど片寄りなく骨にかかっているようなときは、体を支えるための筋肉の負担は少なくてすむ。しかし、首や背中を少し曲げたりして、重心が片寄っているときには、体のバランスを保つために筋肉の負担を大きくしなければならない。このことからすれば、立っているときでも、歩いたり、運動したりするときでも、筋肉の負担をできるだけ少なくし、むだな緊張をつくらない効率的な体の使い方、運動のしかたが考えられていいはずである。

筋肉の負担の少ない、また、過剰な負担をかけない効率的な体の使い方があるとすれば、それはどんな体の使い方であろうか。それを徹底的に追求し、「すべての動きが、より易しくなり、より楽になり、より楽しく気持ちよくできる」ための体の原則を、体そのものからの探求を通して導き出したのが、東京芸術大学名誉教授野口三千三氏の開発した、いわゆる「野口体操」ではないかと思う(羽鳥操『野口体操　感覚こそ力』春秋社、一八八頁)。その体の原則とはなにかというなら、私なりの理解では、体の重さに逆らわない自然な動き、重心の安定した移動に委ねる滑らかな動きを、自分の体の内部感覚として感じ取ることだと考える。

言葉でそう説明しても、どういうことかが頭だけではなかなか理解することができないが、たとえば、頭の一点だけでの支持で、腕の支えもできるだけ必要としない状態で倒立を試みてみると、どういうことかがよくわかってくる。一人ではすぐにはできないので、誰かに補助してもらって、頭の一点だけの支持で真っすぐに倒立する。倒立したときの体の重さが、背骨から頸椎、そして頭の一点へと真っすぐにかかっているときは、倒立のための筋力をほとんど必要としない。しかし、少しでも体が斜めに傾いて、重さが一点に集中していないときは、倒れないようにするために、歯を食いしばって、体中の筋肉を固めて力で体を支え続けなければならない。

運動するときは、体の動きがばらばらでなく、体の重さが一点に集中して、その重心の移動が無理なく、滑らかに安定しているような動きであれば、運動のための筋肉の負担もそれだけ少なく、むだな緊張を避けることができる。そうした重心の移動の滑らかさを、体の内部感覚として敏感に感じ取って動くことが、野口三千三氏が提唱する「より易しくなり、より楽になり、より楽しく気持ちよくできる」体の使い方であることを、わたし自身の体を通して実感している。

私自身がかつてそうだったように、立っているときでも動いているときでも、体をもっと休ませ、緩ませていいはずなのに、休ませることができないで、筋肉を過度に緊張させ続けている人が少なくない。むしろほとんどの人が、体を休ませる体の使い方をしていないというべきであろう。それが普通のことであり、違う体の休ませ方や使い方があることを知らなければ、それをどうにかしたいと思わないのは当然である。その体の不自然な使い方に気づき、むだな緊張から体を解放していくためには、まず、なによりも不要な緊張があることに気づくことが必要である。

その気づきのためには、どうしてもいくつかのレッスンが必要となるが、野口体操では、脱力を体感させる動きがそのレッスンの中心となっている。筋肉を緊張させて体を動かすことがごく当たり前のこととなっているが、その緊張をできるだけ休ませて体の内部感覚を探っていくと、少しずつ体の重さを感じ取ることができるようになっていく。重さが感じ取れるようになると、筋肉の緊張が緩んできているることがわかり、筋肉の緊張が緩み始めてくると、さらに体の重さを感じるようになっていく。脱力を実感していく上では、脱力感を探すことに中心を置くよりは、重さを感じ取れる体の使い方を探していくほうがわかりやすい。体の重さを感じるようになり、脱力を実感できるようになっていくとき、あらゆる動きについて、自然な動きとはなにかが体の内部感覚として実感できるようになっていく。その重さを感じ取るためのレッスンとして、「上体のぶら下げ」、「四つんばい」、「ゆすり(立位)」、「後ろにょろ転」などを体験してみると、脱力とはどういうことか実感しやすい。その運動のごく一部だけを簡単に紹介しておく。

「上体のぶら下げ」

脚を肩幅に開いて、上体の力を抜き、上体を腰から両股の間にぶら下げる。膝は伸ばすと全身が緊張しやすいので、少し曲げて楽な前屈の姿勢をとる。援助者は演者の前に立って腕や首などを軽く揺すって、力が入っていないかどうかを確かめる。また、演者の後に立って腰を両手で支えて、上体を軽く左右に揺すったり、ぶら下がっている上体を上下に揺すってみて、動きが滑らかに伝わるかどうかを試してみる。次に、援助者は、演者と正対し、そっと演者の前頭部を両手で支えて軽く持ち上げ、二、三秒そのままにしてから、さっと支えていた手を離してみる。持ち上げられた頭の支えが外されても、力が抜けていれば、すっと重さに逆らわずに頭が落ち、前後に揺れる。枝についているリンゴを軽く持ち上げて手を離すと、リンゴがぶらぶらとぶら下がって揺れ動くように、頭の揺れる動きが滑らかかどうかに注意する。意外と首の緊張を取るのは難しい。

「四つんばい」

四つんばいになり、腕は曲げないで四本の手足を支えにして、息をたっぷり吐いておなかを重さにまかせてぶら下げる。肩甲骨を互いに寄せるようにして背中が平らになるようにし、頭は持ち上げないで重さにまかせるようにする。重心がぶら下がっているおへその辺りにある感じを確かめる。援助者は、おなかに力が入っていないか、背中に力が入っていないか、重さに逆らわずにぶら下がっているかを確かめる。援助者は、演者の背中を跨ぐようにして立ち、両手で演者のおなかをゆっくり持ち上げる。おなかを持ち上げるのにはかなり力がいるが、そのとき、演者が自分でもおなかを持ち上げていないかどうかに注意する。援助者は、持ち上げている手の力を少し緩めてみると、力が入っているときは、おなかがすっと落ちないので、まだ力が抜けていないことがわかる。まだ力が抜けていないときは、少しだけ持ち上げて支えてから手を離し、すっとおなかが落ちるかどうか、演者に力を抜く感覚を確かめさせる。自分でおなかを支えていないことがわかったら、二秒ほどそのまま支えて、瞬間的に手を外す。おなかがすとんと落ちるときの感覚を、演者は何回か味わってみる。

「ゆすり（立位）」

飛び上がるのではなく、体を軽くほうりあげ、後は落ちるままにまかせる動きである。演者は脚を肩幅に開いて、少し膝を曲げて立つ。膝を曲げたとき、真っすぐに立っていたときよりも、足の裏に体の重さがかかっていることを感じやすい。足の裏で感じ取った重さのエネルギーを床からもらうようにして、体全体をほうり上げる。体をほうり上げるとき、体を固めないようにし、体全体の筋肉、内臓までも中から揺すられている感じを確かめる。肩に緊張がなければ、肩と腕も一緒にほうり上げられるが、緊張があると、肩が固まったままで、肩、腕全体が揺れ動かない動きとなる。力が抜けていると、ほうり上げたとき、腕は紐のようにぶらぶらし、肩甲骨もゆらゆら揺れる。

「後ろにょろ転」

仰向けに寝て、体を固めないように息をたっぷり吐きながら、膝を曲げ、脚と腰を上体のほぼ真上にまで持ってくる。ここまでの動きは、どうしてもある程度力で持ち上げるしかない。ここから先が脱力ができるかどうかの勝負どころである。持ち上げられた膝、脚には重さがある。力をいれず、両膝はかるく曲げて頭の横に両膝がつくところまで、この重さを頭の方へと流し込んでいく。

そのまま体を回転させて起こそうとすると、頭が回転の妨げになって、弾みをつけるなど、大変力がいる。後ろ回りの回転に移るときは、首をどちらか曲げやすいほうに曲げ、曲げたほうの膝を床につけ、その膝に体重を乗せていくようにゆっくり滑らかに上体を起こしていく。体の重さが移動していく感覚に逆らわずに後ろにょろ転ができるようになっていくとき、いわゆる「後転」、後回りもほとんど力をいれずに滑らかな回転ができるようになっていく。この感覚がつかめると、いままで、いかにむだな力を使っていたかがよくわかるようになる。

その他、その人の体の内部感覚の拓かれ方によって、より脱力の実感を深めていくためのレッスンがあるが、その運動を始めるとすぐに脱力の感じをつかめるかとなると、そう簡単ではないところに、この運動の持つ意義がどこにあるかがすぐには理解されにくい難しさがある。しかしなんとしても、この日本で開発された、自分の体を取り戻すためのすばらしい知恵を、子どもたちの「体づくり」と「体ほぐし」に活用したいものである。

とくに、脱力の教育の重要性とかかわって、体の教育にかかわっている人たちに問題提起しておきたいことは、体に重さに逆らうような筋肉の緊張があるときは、自分の体の内部感覚はひどく鈍磨していて、体に起こっている変化にも容易には気づきにくいという事実があることである。しかし、脱力を通して体のむだな緊張がなくなり、重心の安定した移動や、どんな動きが重さに逆らう無理な動きかといったことが、体の内部感覚として感じ取れるようになってくると、それまで脳の命令で「物」のように動かしていた体が自分の体として隅々までも生き生きと感じられ、はじめて自分の体を取り戻し、体と心が一体になったという実感が生まれてくるようになる。この生き生きとした自分の体そのものの実感こそが、まさに、体育科の学習指導要領の「目標」に掲げられている「心と体を一体としてとらえ」ること、そのものなのではないだろうか。

私はここで、「体ほぐしの運動」に、すぐに野口体操を取り入れるべきだと主張するつもりはない。そこに至るには、日本の体の教育は、まだあまりにも距離がありすぎると考えるからである。今、体の教育にかかわっている人たちに考えてほしいことは、さまざまなストレスにさらされていく中で、必要以上に体を緊張させ、体を休ませることができず、自分の体としての実感を持つことができない子どもたちがたくさんいること、そういう子どもたちの体をどう考えるのか、そしてまた、それをどう変えなければならないと考えるのか、ということである。自分の体を自分の体として取り戻し、生き生きと実感することこそが、「生きる力」を育てる教育にとって、けっして欠かすことができない「基礎・基本」であると同時に、体の教育にとってもっとも本質的な課題なのではないだろうか。

Ⅱ　自分の心を取り戻そう
――エンパワーメントこそが「生きる力」を育む

1　「学ぶ力」を奪ってきたものはなにか

現行学習指導要領は、子どもたちの「生きる力」を育てることに、その改革の主眼が置かれている。「生きる力」を育てるのは、教え、覚え込ませるだけの教育では不可能である。子どもたちが自らが学び、考え、自分なりの判断をし、自分の考えを持てるようにならなければ、「生きる力」を育てることはできない。そのための教育をいかに創り出していくか、それが改革の出発点にあった重い課題であったはずである。
これまでの教えること中心の教育から、「自ら学び自ら考える」教育への転換の必要性を提起したのは、中央教育審議会であり、それを承けた教育課程審議会の答申である。平成十年七月に出された教育課程審議会の答申では、子どもたちの現状を次のようにとらえ、これまでの教えること中心の教育の弊害を指摘し、「自ら学び自ら考える」教育への転換を提起している。

過度の受験競争の影響もあり多くの知識を詰め込む授業になっていること、時間的にゆとりをもって学習できずに教育内容を十分に理解できない子どもたちが少なくないこと、学習が受け身で覚えることは得意だが、自ら調べ判断し、自分なりの考えをもちそれを表現する力が育っていないこと、一つの正答を求めることはできても多角的なものの見方や考え方が十分でないこと、また、算数、数学や理科の学習について国際比較すると、得点は高いものの、積極的に学習しようとする意欲等が諸外国に比べて高くはないなどの問題である。

こうした問題点を踏まえて、平成十年の教育課程審議会の答申では、「社会の変化に柔軟に対応し得る人間の育成」という観点から、次のような問題提起を行っている。

このような激しい変化が予想される社会において、主体的、創造的に生きていくためには、中央教育審議会第一次答申においても指摘されている通り、自ら考え、判断し、行動できる資質や能力の育成を重視していくことがとくに重要なこととなってくる。そして、そのためには、これからの学校教育においては、これまでの知識を一方的に教え込むことになりがちであった教育から、自ら学び自ら考える教育へと、その基調の転換を図り、子どもたちの個性を生かしながら、学び方や問題解決的な学習にじっくりとゆとりをもって取り組むことが重要であると考えた。

ここには、これまでのような教育課程の部分的な修正ではなく、教えること中心の教育の基調そのものを根本的に転換していく必要性が強調されている。

答申が指摘するように、子どもたちの学び方や理解の内容、考え方などに多くの問題があることは確かである。しかし、「自ら学ぶ」教育へと転換していくためには、単なる学習結果としての現象的な問題点の指摘に終わるのではなく、より根本的な問題として、教えること中心の教育がなぜこのような弊害をもたらすのか、それは子どもたちの知性の形成や人間性の形成にどんな望ましくない影響を与えてきたと言えるのか、そこまで踏み込んだ分析がほしい。その上で、今あらためて「自ら学び自ら考える教育」への転換を提起しなければならない理由はなんなのか、もっとていねいな問題提起が必要だったのではないだろうか。

学ぶということは、単にたくさんのことを知ることではない。なにが真実かを問い、追求し、そこにある確かな事実と論理の認識を通して、確かな根拠にもとづいて物事の必然性や妥当性の理解をしていくことができてこそ、私たちはより確かな「意味」の世界を内面に形成していくことができる。自分にとっての物事の「確かさ」を学ぶことにこそ、単に教えられて覚えるだけでは学び取ることができない、「自ら学び自ら考える」教育への転換が提起した重い意味があったのではないだろうか。

覚えることが学習の中心で、そこにある確かさへの「問い」のないところには、物事への追求は起こりえないし、考えるべき必然性もない。「問い」は、「自ら学び自ら考える」ための原動力ともいうべきものである。しかし、教科書を「教える」ことを中心に展開してきたこれまでの日本の学校教育は、子どもたちの「問い」を大切に受け止めることなく、またそれを奨励することも怠ってきた。この自ら学ぶための「問い」の欠如こそが、本来教師の知性を乗り越えていく学び方をこそ歓迎すべきであったのに、安易に教師の知性に隷属させる教育の道を選択してきてしまった。

その結果、子どもたちに、なにが真実かを自分自身の力で見極めていくことのできる学び方を放棄させ、教師に依存する受け身の学び方を定着させてきてしまった。この自分の判断として物事の確かさを学び取るのではなく、他人の知性に依存して学ぶ学び方は、子どもたちから「自ら学ぶ」力を奪ってきただけではなく、自分らしく「生きる力」をも奪ってきたことは確かではないだろうか。このことへの深甚な反省、同じ誤りを繰り返してはならないという痛切な思いが、これまで教育改革を進めてきた人たちにどれほどあったのだろうか。その思いのないところでは、「生きる力」を育てる教育は、けっして根を下ろすことができないし、まさに現実はその通りになってしまっているというべきではないだろうか。

2　「学ぶ力」の回復をどこに求めるか

長年、教員養成大学において教師を目指している学生たちに、教科書をなぞることしかできないような教師ではなく、子どもたちになにが確かかを追求し、発見させていくことができるような授業の担い手になってほしいと願って、「自ら学び自ら考える」ことが必要となるような授業を試みてきた。学生たちに「考える」授業を試みてみるとき、それまでの彼らの学び方が、いかに覚えること中心で、その覚えたことの持つ意味を考えるという学び方が欠落しているか、それを思い知らされてきた。学生たちは、高校までの勉強で詰め込んできたなにがしかの知識は持っているとしても、その知識のもつ「意味」まで考える学習経験をしてきたという学生は、残念ながらほとんどと言っていいほどいないのである。

私は、教育学の講義の時間に、一見誰にもわかりそうな小学校の国語の説明文教材を中心に、学生たちに、問い、考えさせ、さらには意味をとらえさせる学習に取り組ませてみた。学生たちは、その文章になにが書かれているかの「確認」はできても、そこに述べられていることが、どんな「こと」やどんな「わけ」かを考え、自分の知識につないで理解を探っていくことがきわめて不得意なのである。彼らは、書かれていることがなにかを確認すると、もうすっかりわかったつもりになって、それ以上に、そこにある「意味」までを考えることができなくなってしまっているのである。

たとえば、第1章で取り上げた「たんぽぽのちえ」を例にとってみよう。「けれども、たんぽぽは、かれてしまったのではありません。花とじくをしずかに休ませて、たねに、たくさんのえいようをおくっているのです。」という文章を読んで、学生たちは書かれていることがなにかがわかると、すべてわかったつもりになってしまいやすい。彼らの持っている知識を活用して、そこに書かれていることがどういう「こと」や「わけ」かを少し考えてみれば、十分に問題に気づくはずであるのに、それができないのである。

この文章の表している「こと」や「わけ」がなにかを考えてみよう。花は種を作る生殖器官であり、種はその花の中で育っていくものであり、その種を大きくしていく根から吸い上げた栄養は、「じく」を通って花に送られていることが確かめられるであろう。そうだとすれば、「花とじくをしずかに休ませて」という表現が、明らかに不適切であることに気づくはずである。しかし、ほとんどの学生は、「こと」や「わけ」を問い、考える習慣を持っていないために、それに気づくことができないのである。

このようなきわめて浅いところでわかって、物事の確かさまでを「問う」ことができなくなってしまっている習性から学生たちが抜け出し、自分にとってのより確かな理解を追求し始めるには、かなりしんどい自分との戦いの過程が必要となる。わかったつもりから抜け出すまでの、学生たちの心の叫びを聞いてほしい。

最初は、教科書の問題点なんて見つけられるだろうか、と思っていました。これまでなにも考えずに、教科書の内容を確認するだけが私の習慣になっていたのです。先生の授業を受けているうちに、自分はなにも理解していないことに気づき始めました。疑問を持つということを深く考えるようになったのは、この授業を受けてからです。

私は小さいときから暗記が得意な生徒だった。なんでものみ込みが速く、深く理解するための問いを持てなくなってしまったのだと思います。私は、いままで、『分かる』ということは、教科書の内容を確認し、問題が解けること、答えが出せることだと思っていました。本当に分かるということは、ただ答えが出せることではなく、『なぜ、どうしてなのか』という『問い』に対して、自分が納得できる答えを見つけることだということが、少しずつ分かってきました。でも、頭では分かりかけても、「問い」を持って取り組めるかというと、とてもできないのです。

分かったつもりになって、文章を読んだり、人の話を聞いたりしていたため、疑問も、好奇心も薄弱だった自分。そんな自分からどうしたら脱皮できるのか、それはまだ見つかりません。暗闇を手探りで歩いている状態です。なんとかして、はやくこの〝病い〟から抜け出したいと思うばかりです。

（二年女子）

覚えることと分かることの区別が、自分の中になかったことに気が付いた。しかも、理解のために必要な『問う』ということが、僕にまるでなかった。問うことがなければ学ぶことにならないのだから、僕が学んできたことは一体なんだったのかという問題に突き当たる。僕が学んだと思ってきたものは何なのか。それは単なる『確認』と言うことに過ぎなかったのではないか。『確認』しただけで、『納得』できたと思ってきたのか。そう考えていくと、生まれてから二十年近い間に、本当の意味で、学んだものはあるのだろうか。なんだか自分が崩れていくようで恐ろしくなる。

（二年男子）

この授業に出る度に、いままで何の疑問も持たずに当たり前だと思っていたことが、次々と単なる虚像をとらえていたに過ぎないことが暴かれてくる。なんだかこの頃は、この授業を聞くのが不快、というよりも恐ろしいと思うようになった。

先生は、いままでの教育は本当の教育ではないという。しかし、受け手にとっては、その事はいままでの自分というものを否定することにほかならないと思う。でも、間違いを間違いと認めないことは、もっと自分を惨めにするようで、自分の感情をどこに置いたらいいか分からなくなってしまう。いま、この気持ちを整理できないでいる。

（二年女子）（詳しくは武田忠『学ぶ力をうばう教育』新曜社、参照）

一生懸命に勉強して大学に入学した学生たちが、なぜこれほど自分で学び始めるまでにつらい思いをしなければならないのか。それまでの長い時間をかけた教育が、彼らの「生きる力」「学ぶ力」を育てることに、いったい何の役割を果たしてきたことになるのか。それを問わないわけにはいかない。

しかし、このようにこれまでの自分の学び方に疑問を持ち始めても、それをどう変えていくことができるか、それを見つけ出していくためには、さらにしんどい自分との戦いを、学生たちは何度となく繰り返していかなければならない。そうした自分との厳しい向き合い方を避けて、それまでどおりの自分に戻ってしまう学生もけっして少なくない。そうした中で、あくまでも自分と向き合い続けて、学び直そうとする学生も少数ながらいる。そうした学生たちにどう応えていくことができるか、それが私自身の大学の授業での新たな挑戦であると同時に、子どもたちの「自ら学ぶ」事実を創り出すことを目指しての、小中学校での授業研究へと駆り立てる原動力でもあった。

この授業をとおして私が会得したことは、学ぶということは、まず自分自身が持つ「問い」から始まるのだということ、そして、この「問い」がなければ、学ぶということは成立し得ないのだということである。

自分のこれまで学んできたと思っていたものを振り返って見ると、「問い」から出発したものなど何もない、すべて、体系化され、項目に振り分けられてきちんと並んでいるものを知識として、頭の中に流し込んで記憶してきたに過ぎないように思う。その知識と思っていたものも、具体的な事実を自分の問いを通してとらえてきたものでないから、浅くて、はかなくて、考えるための根拠もなく、また否定するためにも根拠がなくて、全くその場かぎりの記憶だった。私自身に何のかかわりもなく、それによる私自身の変化も全くない。そういうものばかりだ。

大げさでなく、小学校以来、いったい私は何をやってきたのだろう、と情けなく思うことがある。あんなに長時間かけて、覚えた、学んだ、と思っていたものが、大学に入って一年半の間に、大半が消えてしまったように感じる。

大学に入ってから、自分で学ぶことがいかに難しいか、その行動をし始めることがいかに決断が必要かを実感することがあったが、実際は、まじめにノートをとる、まじめに講義を聞くだけであった。いままで、こうしてきた私だから、問いを持って、具体的事実に支えられた根拠にまで当たり、自分で学んでいくことはひどく難しく思えるが、いま、私自身の中に、何も私自身のものがないということが分かった以上、これからは、ほんとうに少しずつ学ぶということを身につけたいと考える。これからそうやって学んだことが私自身のものとなり、どんどん深められることを願って、これからでも遅くない、と信じたい。

この授業は、子どもの学びを念頭に置いた授業だったのに、先生が取り上げて下さったことは、すべて私自身の問題でした。私の「教育」についての考えが大きく変わったことも確かです。正直いって、教師になることを望まなかった私が、その教師という仕事の困難さを知ると同時に、教師になりたい、と思うようになりました。

（二年女子）

こうした学生たちが、この後どのように自分と戦って、自ら学ぶ力を自分のものにしていくことができていくか、それを詳しく紹介する余裕がないが、私はこうした授業の感想を通して、私自身、さらに学生たちにどう応えなければならないかを考えさせられ、多くのことを学ばされてきた。学生たちは、本来皆もっと確かなものを学びたいと願っている。そうした学び方に長いこと出会えないできた学生たちが、なぜこれほど「自ら学ぶ」力を取り戻すために苦しまなければならないか、そこに「教える」こと中心の教育の不毛、後遺症とでもいうべきものの深刻さを思い知らされ続けてきた。そしてまた、「学ぶ力」、さらには「生きる力」を奪わない教育のためには、いかに内面から生まれてくる「問い」の力を豊かに育てていくことが大切かをも思い知らされてきた。

3　「生きる力」はエンパワーメントの教育から
――人間性の回復を目指す新たな教育の視点

エンパワーメントという言葉が、主に弱い立場に置かれている人が、奪われた力を取り戻して自立していく過程、そのプロセスを表す重要な概念として、発展途上国の開発、医療や看護、教育や福祉など、さまざまの領域で使われるようになってきた。

エンパワーメントという言葉そのものは、一九五〇年代から六〇年代にかけての公民権運動、一九七〇年代のフェミニズム運動のなかで使用されるようになったといわれている。これらの活動の過程で、社会的差別を受けたり、自らコントロールしていく力を奪われたりして弱い立場に置かれている人々が、人間としての存在を確立し、自己の持つ力を発揮できるように、社会や環境に働きかけ、変革し、「自らをコントロールする力を取り戻していく」、という思想や活動を表すにふさわしい言葉として、この言葉が広く使われるようになってきたという（久木田純「エンパワーメントとは何か」『現代のエスプリ』「エンパワーメント」特集）。

わが国では、教育の場ではまだほとんど取り上げられるに至っていないが、医療とりわけ看護の世界では、この言葉の持つ意味がいっそう重要性を増してきているようである。医療や看護の領域では、近年慢性疾患の増加や患者の権利の考え方の台頭などによって、伝統的な患者観が再吟味され、患者の知る権利の尊重や患者も医療に参加することの重要性が叫ばれるようになってきた。さらにはそうした考え方に立って、治療にも患者自身の持つ潜在的能力を開発し、患者自身の主体性を発揮して病をコントロールしていく必要性が提起されるようになってきた。

とくに医療者の治療行為を一方的に受けるだけで、受け身的、依存的にならざるをえない消極的な立場に置かれている患者は、自分の状況を自分自身でコントロールできないことで無力感を経験し、この無力感が健康維持や病気の回復に大きなマイナスの作用を与えることが、最近の研究によって次第に明らかになってきている。また、人は生きていく過程でさまざまなストレスに直面していかざるをえないが、ストレスに直面していくとき、それを回避しようとするのではなく、それに積極的に立ち向かっていく生き方をしていくほうが、病気になりにくく、病気になっても回復力がすぐれていることなども、長年にわたる臨床的な研究を通して明らかにされつつある。

慢性的な疾患やガンなどの重篤な病気の場合でも、無力感に陥ることなく、病気に挑戦し、それを自分でコントロールしようとする積極的な生き方が望ましいとするなら、そうした患者のエンパワーメントがどのようにして発揮されるか、そのための援助はどうあるべきか、こうした問題がこれからの医療や看護のあり方を考えていく上でも重要な課題となってきている。こうしたエンパワーメントが発揮されるための条件作りや援助のあり方は、そのまま教育をどのように学び手の主体性を回復していく、より人間的なものに変革していくべきかにも直結する、きわめて重い課題なのではないだろうか。

アメリカのある研究者は、エンパワーメントが発揮される条件として、次のような六つの前提条件をあげている。これらの条件は、これからの教育のあり方を考えていく上で、とくに子どもたちの主体的な学び方の指導や援助のあり方を考えていく上でも、きわめて重要な問題提起となっているのではないかと考え、紹介することにする。それぞれの項目の「健康」を「教育」に、「保健医療従事者」を「教師」に、「対象者」「患者」を「子ども」に置き換えてみると、そこにそのまま教育の本質的な課題というべきものが浮かび上がってくるのではないだろうか。

（1）人間は、自分自身の健康に根源的に責任を負う。すなわち、健康はその個人のものである。
（2）個人の成長する力、自己決定する力は尊重されなければならない。情報や援助が必要なときもあるが、人間は自分で決定し、自分の福利のために行動する能力を有している。
（3）人間は自らをエンパワーするのであって、保健医療従事者がエンパワーすることはできない。しかし、人々がセルフコントロール感と自己効力感を獲得し強化できるように、資源を提供したり、開発したりしていくことはできる。
（4）保健医療従事者は、対象者をコントロールしようとする要求を放棄し、対象者との協力関係を形成し、対象者のニードを優先していく必要がある。
（5）エンパワーメントが生ずる条件は、保健医療従事者と患者に相互尊敬の念が存在していることである。
（6）エンパワーメントの過程の必要条件は、信頼である。

（野島佐由美「エンパワーメントに関する研究の動向と課題」『看護研究』1996. 12. 一部英語表記部分を変更）

これらの条件に含まれている基本的な考え方として、とくに注目しておきたいことは、エンパワーメントの力は外から与えられるものではなく、それはあくまでもその人自身に備わっている「成長する力」に基礎を持つものであり、人間は自らの責任において「自己決定する」能力を備えているという捉え方である。さらには、その個人の力、能力に対する信頼、尊敬という人間観、価値観が、エンパワーメントが発揮されるための基本的な前提となっているということである。そうしたエンパワーメントがその人の内側から働き出すような活動が展開されていくとき、その人には、「充実感」、「成長感」、「自己効力感」、「自尊感情」、「希望の感情」といった内的な感覚や感情がともなうことが指摘されている。

心的外傷の先進的な研究者であり、臨床的にもすぐれた実績を持つアメリカの精神医学者ジュディス・ハーマンは、想像を絶するような虐待を受け、人間性を破壊し尽くされたかに見える被害者が、人間としての自分を取り戻していくことができるためには、なによりもその人のエンパワーメントの力が、その人の内部から働き出すことが不可欠であることを指摘している。そして、いかに有効のように見えても、その人自身の力で回復していくのでなければ、真の回復とはなりえないことを強調して次のように述べている。

回復のための第一原則は、その後を生きる者のエンパワーメントである。その後を生きる者自身が自分の回復の主体であり判定者でなければならない。その人以外の人間は、助言をし、支持し、そばにいて、立ち会い、手を添え、助け、暖かい感情を向け、ケアすることはできるが、治療するのはその人である。善意にあふれ意図するところもよい救援の試みの多くが挫折するのは、エンパワーメントという基本原則が見られない場合である。

（ジュディス・ハーマン『心的外傷と回復』二〇五頁、みすず書房）

人が人間として成長していくためには、いろいろの知識を学んでいくことは必要なことに違いないが、それだけで達成されるものではない。なによりも大切なことは、一人ひとりの内部に潜在している、その人自身の「成長する力」が働き出すことにある。一人ひとりの人間が、健康に、そして本当に自分自身として精一杯生きていくことができるためには、本来その人の持っている「成長する力」が働き出して、自分の力で成長し、自分を変えていくしかないのである。この内なる力の働きこそが、健康を支え、病気をも克服していく自己治癒力ともなっていくものなのではないだろうか。人間の尊厳に基礎を置くエンパワーメントという考え方の拡がりは、今ようやくにしてそうした人間観、価値観にたどり着きつつあるということなのではないだろうか。

エンパワーメントとかかわって、心身の健康なあり方として、今世界中の注目を集め、多くの研究が蓄積されつつある健康論として、イスラエル医療社会学者アーロン・アントノフスキーによって提起された健康生成論（サリュートジェネシス）にも触れておきたい（アーロン・アントノフスキー『健康の謎を解く』有信堂高文社）。現代社会に生きる人間は、大人であれ子どもであれ、さまざまのストレスに直面していかなければならない。アントノフスキーは、同じようなストレスにさらされながら、ある人は病気になり、ある人は健康を保持し続けているのはなぜかという疑問から、多くの調査、研究を通して、それはその人のストレスに対する対処のし方の違いに大きくかかわっているという判断にたどり着いている。単純に言えば、健康と病気を二分する捉え方ではなく、ストレスの処理に失敗して心身の機能が低下していくような場合には疾病に傾き、ストレスを適切に処理できているときは健康を保持していくことができるという、健康と病気を連続したものと見る捉え方である。

ストレスを適切に処理していくことができるようなセンス（感性）として、コヒアレンス感（首尾一貫感性 sense of coherence：略してSOC）をあげているが、そのセンスの強さ、弱さが、健康を左右する決定的な要因であるとしている。強いコヒアレンス感とは、ストレス状況を苦痛の大きな負担と受け止めずに、柔軟に受け止めることができるセンスであり、その構成要素として、①ストレス状況を把握しそれを十分に理解可能なものとしてとらえ、②適切に処理できるという見通しを持ち、③それを避けることなく、むしろ積極的に挑戦していくことに意味や価値を見いだしていこうとする確信とそれにもとづく対処のしかた、という三つの要素によって成り立つものと分析されている。

ストレスを負担とせずに、適切に処理できるようなこうしたSOCの強さは、どのような教育的な環境で育ったかがかかわり、ストレスを乗り越えていく多くの体験を通して、自らの内面にストレスへの対処に自信を深めることができているかが反映していると考えられている。SOCの強さは、ただ教えられたことを覚えるだけの学習では、とうてい身につくようなものでないことは明らかなことであろう。この点において、アントノフスキーが提起した健康生成論の観点は、エンパワーメントとも密接にかかわっており、エンパワーメントが発揮されていくことは、まさにそのまま「生きる力」

の形成、強化にも結び付いていることを、健康という側面から強力に証言するものになっているのではないだろうか。

　SOCの強さが、健康保持と強い相関関係があることが明らかにされつつあるが、その心身におけるメカニズムがどのようなものかは、まだ十分には解明されるには至っていないようである。とくに中枢神経系の働きと免疫機能との相関が想定され、研究が進められているようであるが、その形成過程の研究と同時に、精神生理的なメカニズムについての今後の研究成果が待たれている。

　人は、自らの内面に、SOCの強さのような、厳しい現実と向き合う「内的な力」が備わっていないかぎり、その現実を避けるか、逃避するしかない。外側にたくさんの知識を蓄えているとしても、その知識だけでは厳しい現実と向き合う力にはとうていなりえない。そこに問われるものは、ソクラテス流の表現を借りるなら、「裸の魂の力」とでもいうべきものではないかと考える。

　子どもたちは、外にあるさまざまの情報、知識を学び取って自分を形成していかなければならない。しかし、その外なる情報、知識に依存するだけでなく、それを活用して「自分の判断」を作っていくことができなければ、自分が自分自身として主体的に生きていくための「自己」を確立していくことはできない。しかし、外なる情報、ことに教科書のような外的な権威を持つ情報は、自分の判断よりもすぐれたものに見えやすい。ことさらそれに依存し、自分の判断を形成していく機会を失ってしまいがちになる。

　教育の仕事は、子どもたちの自立に向けて、「他人の判断」から「自分の判断」の形成プロセスを慎重に準備して、子どもたち一人ひとりの「裸の魂の力」を育てていかなければならない、きわめて高度で責任の重い仕事だと考える。しかし、現実には、その役割を担うべき多くの教師たち、そしてまた大人たちも、「他人の判断」から自由になって「自分の判断」を形成していくことがけっして容易ではないところに、エンパワーメントを目指す教育の困難さがある。

スイス在住の精神医学者、アリス・ミラーは、「抑鬱と呼ばれたり、空しさ、生の無意味さあるいは貧困、恐怖や孤独と云われるものは、幾例を重ねても、つねに自己喪失ないし自己疎外の悲劇であるとしか思えません。そしてその悲劇は子ども時代に始まります。」と述べている（アリス・ミラー『才能ある子のドラマ』五九頁、新曜社）。このアリス・ミラーの指摘は、心の病に至る以前の私たちの心のありようとしても、きわめて重要な指摘ではないかと考える。自分の内部に確かな根を持たない借り物の知識の多寡を競う教育、そこから避けがたく生み出されていく「自己喪失ないし自己疎外」、この心の歪みからいかに「自己」を回復していくことのできる教育を創り出していくことができるか。物質的な豊かさをひたすら追い求めてきた現代の私たちは、今、いかにして一人ひとりの「自己」を取り戻し、自分なりの存在感、充実感を実感し、日々を生き生き生き抜くことができるか、そうした大きな文明史的な課題に直面しつつあるのではないだろうか。

こうした大人自身の自己形成にもかかわる問題をどう自覚し、確かな自己形成を目指す学び方をどのように見つけ出していくことができるか、それこそがなによりも国民的な教育課題となっていかなければならないのではないだろうか。この課題の自覚なしには、子どもたちの「生きる力」を育てる教育の実現は、とうてい不可能なことではないだろうか。その意味で、「エンパワーメント」が提起している人間観、教育観をじっくりと踏まえて、日本の教育をどう変えていかなければならないかを考えてみることが、今、教育が混迷をきわめているときだけに、とりわけ必要なことではないかと考える。

しかし、その問題を考える必要性は、子どもたちの未来にかかわる問題であるからだけではない。むしろ私たち大人一人ひとりが、自らの学び方、生き方をどう考えるのか、さらには自分らしい生き方をどのように取り戻す必要があると考えるのか、そこに帰着する問題ではないだろうか。

終章　いま、教育改革に問われるもの
――「生きる力」の育成になにが必要なのか

Ⅰ　「生きる力」育成の課題を見失った日本の教育

平成二十年一月一八日に、中央教育審議会から「幼稚園、小学校、中学校、高等学校及び特別支援学校の学習指導要領の改善について」の答申（以下「二十年答申」）が、文部科学大臣に提出された。この答申では、平成八年七月に出された中央教育審議会の答申（以下「八年答申」）に触れ、「『生きる力』は、自己の人格を磨き、豊かな人生を送る上でも不可欠である。」（「二十年答申」ＨＰ八頁）として、次期学習指導要領（以下「次期指導要領」）の改訂においてもその理念を重視し、そこに向けての改革を推進していく必要性を強調している。この答申にもとづく学習指導要領の「総則」の改訂では、現行学習指導要領（以下「現行指導要領」）と同じように、「生きる力」の育成を学校教育が目指すべき中心理念として掲げている。

しかし、序章でも述べたように、現行指導要領において、「生きる力」の育成は改革の理念として重視されてきたにもかかわらず、「共通理解」がえられず、改革が失敗であったという報告が教育課程審議会から出された。それを承けた次期指導要領改訂の原案である「二十年答申」でも、その失敗を認めながらも上述の「答申」が出されている。さらにその「答申」にもとづいて改訂された次期学習指導要領でも、「生きる力」の育成は、そのまま学校教育が目指すべきものとして掲げられている。

改革の失敗は、とくに「生きる力」とはなにか、それがなぜ必要なのかという基本的な理念について、教育関係者の間で「共通理解」ができなかったためというのが「審議のまとめ」の見解である。「二十年答申」も、同じ考え方に立っている。ところで、「審議のまとめ」が問題としている「共通理解」とはなんであろうか。それは改革を進めていくために不可欠な理解とはなにか、これまでの教育をどのように変えていくことが必要なのか、そうした理解のあり方についての検討、吟味が十分に行われた上で、その理解が共有できなかったことに対する反省として述べられたものであろうか。

「生きる力」の育成を理念として、教育改革を進めようとするとき、当然「生きる力」とはなにか、なぜそれが必要かを考えなければならない。しかし、それだけでは、それを実現していく教育の内容や方法とはなにかまで導き出すことはできない。「生きる力」の育成に必要となる教育とはなにかを考えていくためには、「生きる力」がなにによって、どのように形成されていくのか、その形成の内面過程に目を向けていかなければならないはずである。

しかし、これまでの指導要領等で、その内面過程にどれほど関心が向けられ、その内面形成に向けて取り組むべき教育の課題がなにかが、どのように提起されてきたといえるであろうか。現行指導要領にも、その施行後の教育状況を報告し、今後の教育課題を提起した「審議のまとめ」にも、さらには「二十年答申」にも、「生きる力」の育成を強調しながら、その内面の形成過程を踏まえた上での提言と言うべきものはほとんど皆無だと言っていい。この「生きる力」育成の内面過程への視点の欠如は、そのまま次期指導要領の改訂での提言の欠落につながっている。

それにつけても、国の教育の基本施策を策定する中央教育審議会や教育課程審議会が、これまでの教育を根本から転換していく改革を提言したにもかかわらず、改革への取り組みの破綻を認めざるをえなかったという事態は、なんといってもただごとではない。改革を推進していくための指針や援助のあり方等において、厳しくその責任を問われて当然だと考える。しかし、「審議のまとめ」、「二十年答申」、さらには改訂指導要領においても、この失敗という事態を深刻に受け止め、この教育の現状をどう建て直し、改革を進めようとしているのか、そうした問題意識が全くというほど見受けられないというのは、いったいなぜなのであろうか。

1　なぜ学習指導要領実施の直後に改訂が必要になったのか

現行指導要領は、平成十年に告示され、平成十四年から実施されている。実施前から学力低下の厳しい世論にさらされ、文部科学省は、きわめて異例なことであるが、実施一年後に、中央教育審議会に諮問、答申を経て、学力低下批判に対応した指導要領の一部改正を、平成十五年の十二月に行っている。

中央教育審議会の答申は、「各学校において、新学習指導要領のねらいを踏まえた取り組みとそうでないものに分かれている状況がみられる」ことを指摘し、それは「各学校や国民一般に対する周知が不十分であることが、その一因であると考えられる」として、指導要領の部分改訂を通して、あらためて新指導要領のねらいの定着と、そのいっそうの改革の実現に期待を寄せている。新指導要領のねらいを踏まえない事例として、次のような例があげられている。

各教科の指導においては、創意工夫が十分に行われずに指導に必要な時間が確保されていない事例や、学校行事等の意義が十分に踏まえられていない事例、「総合的な学習の時間」で身につけさせたい資質や能力等が不明確なままで実施している事例があるなど、新学習指導要領のねらいを踏まえた指導がなされていない取り組みが見受けられる状況にある。

（工藤文三他編『ポイント解説学習指導要領　総則改正・中教審答申』ぎょうせい、一六一頁）

新指導要領の周知、理解が不十分なため、改革への取り組みが進展していないというのが、実施一年後の中央教育審議会の見解である。それでは実施から七年目を迎えた現在、この状況はどれほど改善されているであろうか。実は「新学習指導要領のねらいを踏まえた指導がなされていない」学校は、すでに七年を経過した現在もけっして例外的なのではない。中央教育審議会の答申が憂慮した事態は、実は日本のほとんどの学校の現状であり、指導要領のねらいに沿った改革に取り組んでいる学校は、現実には稀でしかない。このような事態はなぜ起こってしまったのか。指導要領の周知、徹底の不十分さにあるのか、各学校や国民の理解の不十分さにあるのか、それとも指導要領での改革に対する問題提起、改革を推進していくための条件整備等の不備に問題があったのか、それをまず検討してみることにしたい。

2 現行学習指導要領が目指したものはなにか

現在の小学校教育のあり方を方向づけている、現行の小学校の指導要領は、「各学校がゆとりの中で特色ある教育を展開し、児童に豊かな人間性や基礎・基本を身につけ、個性を生かし、自ら学び自ら考える力などの『生きる力』を培うことを基本的なねらい」として、次の四つの基本方針を柱として改定されたものである。

① 豊かな人間性や社会性、国際社会に生きる日本人としての自覚を育成すること。
② 自ら学び自ら考える力を育成すること。
③ ゆとりある教育活動を展開する中で、基礎・基本の確実な定着を図り、個性を生かす教育を充実すること。
④ 各学校が創意工夫を生かし、特色のある教育、特色ある学校づくりを進めること。

(『小学校学習指導要領解説――総則編』三～五頁)

『中学校学習指導要領解説 ― 総則編』においても、同趣旨のことが述べられているが、これらの四つの柱は、簡単にいうなら、①は、主として教育の成果として期待される目標であり、②③はその目標を実現していくために、どのように子どもたちの学び方を改革していくべきか、その実践の課題を示したもの、④は、②③の実践、改革を進めていく主体がどこにあるべきか、それを示したものということができる。この四つの基本方針の中で、教育改革の中心となるものは、②の具体的な実践の取り組みをどのように進めることができるかであり、②の実践への取り組みの成否が、そのまま改革全体の成否を左右する構造となっていると見ることができる。

とくに②については、『小学校学習指導要領解説 ― 総則編』（文部科学省、平成十一年五月）では、「これからの学校教育においては、多くの知識を教え込むことになりがちであった教育の基調を転換し、児童に自ら学び自ら考える力を育成することを重視した教育を行うことが必要である。」（四頁）と述べて、「各教科の指導にあたっては、体験的な学習や問題解決的な学習を重視するとともに、児童の興味・関心を生かし、自主的、自発的な学習が促されるよう工夫すること」（七五頁）を求めている。

「教える」こと中心の教育の基調を転換して、「生きる力」の育成を目指して、子どもたちが自主的、自発的に、体験的な学習や問題解決的な学習に取り組むことは、大変望ましいことだと考える。しかし、これまでの日本の教育が経験したことのない、新たな教育へと転換を図っていくためには、現実にはどれほど困難な課題が山積しているか、それにまず目を向けてみなければならない。また、現行指導要領には、その取り組むべき課題が困難なものであるだけに、どのような学習に取り組むことを課題として、「自ら学び自ら考える」（以下「自ら学ぶ」）力の育成を図っていくことが提起されてきたといえるのか、それを検討してみなければならない。

3 「自ら学び自ら考える」教育とはなにか

「自ら学び自ら考える力を育成する」ための学習として、「児童の興味・関心を生かし、自主的、自発的な学習」に取り組むことが求められている。しかし、多くの学校では、「『自ら学び自ら考える』授業の創造」といった研究主題を掲げながらも、その実態は改革とは無縁と思えるほど、相変わらず「教える」こと中心の教育が続いている。学校の教育の基調を、教えることから子どもたちが「自ら学ぶ」ものへと転換していくためには、その考え方を受け止めていくことだけでなく、その考え方に沿って新たな教育の内容、方法を創り出し、「特色ある教育」を創っていくことが求められている。しかし、それぞれの学校にとって、新たな教育の内容、方法を独自に作り出し、改革を進めていくことは、あまりにも荷が重すぎる課題だったのではないだろうか。

その学習が言葉通りに、子どもたちの「自主的、自発的な学習」にだけに期待してすむようなものであれば、ことはきわめて簡単である。しかし、それは不可能というだけではなく、教育そのものの放棄でしかない。あくまでも「自ら学ぶ」学習を改革の目標とするなら、それを可能にするいくつもの前提条件が整えられていることが必要となるはずである。

（1）「自ら学ぶ」教育に求められるもの

第一の問題は、なによりも「生きる力」を育むための「自ら学ぶ」教育とはどんな教育でなければならないかが、どれほど改革の担い手であるべき教師たちに明確になっているかという問題である。多くの教師は、小学校から大学まで、改革が目指す「自ら学ぶ」という学習経験をほとんど積んできていない。教師自身が経験したことのない教育を新たに創り出していくことがいかに困難か、私自身何度となく教師たちとの授業の共同研究の場で思い知らされてきた。しかも、現行指導要領やその『解説』には、子どもたちが「自ら学ぶ」学習にどのように取り組むことが必要なのか、その具体的な指針、指導の観点といったものはきわめて乏しい。

また、「自ら学ぶ」学び方は、子どもたちの学び方を変えていくことを求めているのであるから、それは当然ながら、学ぶ子どもの立場からそれはどんな学び方でなければならないか、その詳細な検討が必要となる。子どもたちが「自ら学ぶ」学習を進めていくためには、子どもたち自身の内部から学習課題が沸き起こり、その解決の必要に迫られていくことが、学習の出発点として不可欠である。

子どもたちは、「平成八年答申」で提起されているように、「自ら課題を見つけ」、その「なぞ解き」に挑戦していく学習が大好きである。そこに深い真実が隠されているような課題があり、その課題に挑戦して、その課題を解き明かすことができるとき、学ぶことに大きな喜びや充足感を覚えていく。その意味で、「自ら学ぶ」学習の出発点である「自ら課題を見つける」ことの意義をしっかり受け止め、その必要性が「総合的な学習の時間」だけでなく、各教科でも「自ら学ぶ」学習の出発点となるべきことが、現行指導要領（『解説』も含めて）にも明記されていることが必要であったと考える。

「自ら学び自ら考える」力の育成を強調するだけでは、そこから日常の授業をどう変えなければならないかは、教師たちにけっして明らかになっていかないと言うべきではないだろうか。

（2）教師の指導力は伴っているか

第二の問題は、①の「自ら学ぶ」教育とはなにかの理解とかかわって、その学習を強力に推進していくことができる、指導力のある教師がどれだけ育っているか、さらには育てるための取り組みがされてきたかという問題である。多くの教師たちは、これまでの「教える」こと中心の教育環境の中で、「自ら学ぶ」教育の経験をほとんど持つことができないできた。とくに「自ら課題を見つける」ことは、子どもたちだけではなく、教師にとっても容易にできることではない。しかも、指導要領等での問題提起もきわめて不十分であることを考えるなら、そうした経験の乏しい教師たちが、特別なトレーニングもなしに、子どもたちが「自ら課題を見つけ」「自ら学ぶ」学習を組織していくというのは、現実にはとうてい期待できることではない。

さらには、「自ら学ぶ」教育への転換は、学習の方法だけでなく、それを支える学習内容の質的な転換とも不可分なものであることも忘れられてはならない。教科書中心の授業を超えて、「自ら学ぶ」ことのできる発展的な学習に取り組むとするなら、そこでは子どもたちの深い追求に堪える内容の豊かな、しかも課題性のある教材や学習内容をどう選び出し、それをどのような学習に組織していくかが教師には問われる。それが可能となるためには、当然ながら教師には授業の技術的な能力だけでなく、すぐれた教材を選択し、授業に構成できる高い力量が伴っていなければならない。

そうしたこれまで経験したことのない新たな教育への転換を目指すとすれば、それに向けての教師の教材開発の能力や授業の力量を再形成していくための研修の機会も、当然必要となってくる。しかし、そうした研修に取り組んでいる例はほとんどないのではないだろうか。とりわけ「自ら学ぶ」ために、「自ら課題を見つける」ことを学習の原点に据える必要性の認識が希薄な現状では、どこに向けて教師の力量形成を図るのか、研修の課題そのものもきわめて不明確になってしまっているのではないだろうか。この問題は、平成二十一年度から実施されることになっている教員免許更新の講習の内容ともかかわって、新たな教育改革に向けて、教師の力量の再形成に行政が取り組む上でも、きわめて緊急の課題となっている。

(3)「自ら学ぶ」ための教材、教科書は準備されているのか

第三の問題は、「自ら課題を見つけ」「自ら学ぶ」教育の推進が大切であるとしても、その教育を進めていくためには、②にも述べたように、質の高い教材や学習資料を豊富に準備することが必要となる。その教材や学習資料などが、学校にどれほど準備されているかという問題である。

教えること中心の授業であれば、教師は想定外の問題に突き当たることはほとんどない。しかし、子どもたちが興味・関心を持って、自主的に「体験的な学習や問題解決的な学習」に取り組んでいくとするなら、子どもたちが「自ら課題を見つけ」、その追求したい課題が、教師の知識や理解をはるかに超えるような内容となることはつねに起こってくる。

それには、個々の教師や学校での取り組みが必要であるとしても、地域等、学校の置かれている条

件において、活用できる教材や資料等にさまざまの制約が伴う。国全体の学校教育が、「自ら学ぶ」教育へと転換を図っていくとするなら、国がその学習内容にも主たる責任を負うのが当然であろう。そのために必要なことは、まずなによりも主たる学習教材である教科書そのものが、「自ら課題を見つけ」、「自ら学び自ら考える」ことができる内容へと、根本的に再構成され、作り直されなければならないのではないだろうか。

いうまでもないことであるが、そのための教科書作りには、これまでの「教える」こと中心に作られてきた教科書の内容、構成とは根本的に異なる、「自ら課題を見つけ」「自ら学ぶ」ことを視点に据えた、大幅の改訂作業が必要となる。しかも、そうした教科書作りには多大な労力と同時に十分な準備期間も必要になるはずであるが、そうした「自ら学ぶ」ための教科書改革の取り組みにも、これまでほとんど着手されてこなかったのが実情ではないだろうか。

(4) 学校に改革のすべてを委ねることができるか

第四の問題は、第二、第三の問題点とも深くかかわるが、「自ら学ぶ」教育への転換に向けて、そのほとんどすべての教育改革への取り組みが、各学校の創意工夫に委ねられてきたことである。「各学校が創意工夫を生かし、特色のある教育、特色ある学校づくりを進めること」ができるためには、教えること中心の教育からどのように教育を変えていくことが必要なのか、まず全教職員がそれについての「共通理解」を持つことが不可欠である。しかし、指導要領の『総則編』や各教科の指導要領およびその『解説』をていねいに読んでみても、これまでの教育をどのように変えていくべきか、その具体的な指針といえるようなものは全くといっていいほどない。

各教科等の指導にあたっては、「体験的な学習や問題解決的な学習を重視」することが求められ、「児童生徒の興味・関心を生かし、自主的、自発的が促されるよう工夫すること」とされている。しかし、その「問題解決的な学習」や「自主的、自発的」な学習が成立していくための前提である、「自ら課題を見つける」学習にどのように取り組んでいくべきかについては、その実践の具体的な手掛かりとなるような指針や提言といったものも皆無である。その改革の内容、方法等について、なんら「共通理解」も持ちえないところで、教育改革への取り組みのほとんどすべてが、各学校の「創意工夫」に委ねられているといっても過言ではないであろう。

これまでの国の教育を根本的に転換しなければならないという、きわめて重い課題に取り組むことを各学校に求めるとすれば、各学校での創意工夫以前に、その教育の転換にどう取り組むべきかの道筋を、可能なかぎり具体的に明示することが、まず国が行うべき当然の責務ではないだろうか。さらにはその改革の取り組むべき課題はなにかの検討を踏まえて、改革に必要となる諸条件をどのように整備していくかも、まずもって国が主たる責任を負って行うべきことなのではないだろうか。改革の方向性とそれにもとづく国のサポート体制があり、しかもそれがそれぞれの学校での改革を画一的に規制するものでなく、学校が改革に積極的に取り組めるような条件が整えられてこそ、各学校が「創意工夫」し、「特色のある教育、特色ある学校づくり」を進めることができるのではないだろうか。そこに向けての教育施策こそが、国には問われているはずである。

（5）学習指導要領の作文では学校は変われない

「生きる力」の育成を目指して、教える教育から「自ら学ぶ」教育への転換を図るといっても、「自ら学ぶ」子どもたちの内面形成の過程がどのようなものかの検討も不十分でしかない。したがって「自ら学ぶ」学習には、どんな学習内容や学習方法が必要なのか、それはほとんど明らかになっていない。「自ら学ぶ」新たな教育改革に取り組むことになったとしても、その経験を持たないほとんどの教師たちにとって、子どもたちが主体的に学ぶ教育への転換は困難をきわめる。また、子どもたちが「自ら課題を見つけ」「自ら学ぶ」学習に取り組むとすれば、子どもたちの課題追求に応えるための教科書や教材、学習資料の整備、充実が必要となるが、その対応もまだほとんどされてはいない。それにもかかわらず、現行指導要領は、「生きる力」の育成を目指して、教育改革の推進を各学校の「創意工夫」に求めている。これではどう考えても、各学校が「創意工夫」に取り組むことができる条件が、あまりにも欠如しているのではないだろうか。

各学校への「創意工夫」に期待した教育改革が進展しない状況が続いている中で、改革の破綻そのものに対する批判はほとんど見られず、現在も「ゆとり」が「ゆるみ」となって、学力低下につながったという批判だけが目立つ。しかし、それはきわめて表面的な評価でしかない。指導要領に改革の理念をいかに麗々しく掲げても、それを実現するための明確な指針、教育諸条件の整備等についての「具体的な手立て」を欠いたまま、各学校に「創意工夫」を求めた教育改革が、いかに「生きる力」の育成という建前だけで進められてきたか、そこにしっかりと目を向けなければならないであろう。そこにこそ、日本の教育が行き詰まっている本質的な問題があることに、もっともっと国民の厳しい批判の目が向けられなければならないのではないだろうか。

これまで指摘してきた現行指導要領の問題点は、「生きる力の育成」を理念として掲げるかぎり、そのまま改訂された次期指導要領にもとづいて、各学校がこれから日々直面していかなければならない、重い課題となっているのではないだろうか。

Ⅱ 「生きる力」の育成になにが問われているか

1 「生きる力」の共通理解はなぜできなかったのか

平成十九年十一月七日、中央教育審議会の総会に報告された教育課程部会の「審議のまとめ」（文部科学省HP、以下HP）では、「八年答申」で提起された「生きる力」の育成が、ますます重要な教育課題となってきていることを強調して、「次代を担う子どもたちに必要な力を一言で示すとすれば、まさに平成八年の中央教育審議会答申で提唱された『生きる力』にほかならない」（HP九頁）とまで述べている。この「審議のまとめ」を承けて、平成二〇年一月一七日に出された中央教育審議会の「答申」（以下「二十年答申」）においても、同趣旨の見解が述べられている。

それにもかかわらず、「審議のまとめ」では、「共通理解」がえられず、「具体的な手立てが十分でなかった」として、事実上改革が失敗であったという報告をしている。これまでの教育改革への取り組みからすれば、むしろ当然の帰結であるというべきであろう。その失敗の理由として、「審議のまとめ」では次のような五点にわたって、その取り組みが不十分だったことをあげている。（HP十七〜十九頁）「二十年答申」においても、ほぼ同文となっている。

①これからの子どもたちに「生きる力」がなぜ必要か、「生きる力」とはなにか、ということについて、文部科学省と学校関係者や保護者、社会との間に十分な共通理解がなされなかった。

②子どもの自主性を尊重するあまり、教師が指導を躊躇する状況があったのではないかと指摘されている。

③体験的な学習や問題解決的な学習を重視する総合的な学習の時間を創設したが、学校教育全体で思考力・判断力・表現力等を育成するための各教科と総合的な学習の時間との適切な役割分担と連携が必ずしも十分に図れていない。

④子どもたちの思考力・判断力・表現力等を育むためには、現在の小中学校の必修教科の授業時数は十分ではない。

⑤学校教育において、子どもたちの豊かな心や健やかな体の育成について、家庭や地域の教育力が低下したことを踏まえての対応が十分でなかった。

①については、「ゆとり」か「詰め込み」の二項対立をこえ、（「生きる力」の育成には）「基礎的・基本的な知識・技能の習得とこれらを活用する思考力・判断力・表現力等をいわば車の両輪として相互

に関連させながら伸ばしていくことが求められている」が、「このような理解が現段階においても十分に共有されているとは言いがたい。」（HP十七頁）という説明がつけられている。この「審議のまとめ」の理解が共有されていないという表現は、「生きる力」を育むことについて、その理念だけではなく、それを育成するための方法、手段についての認識も共有されてこなかったことをも意味していると考える。それはそのまま、「生きる力」育成に向けての実践的な取り組みにも失敗があったことを認めたことにほかならないであろう。それでは、教育改革を進めていく上で、理解が共有できなかった根本の原因を、教育課程審議会はどこに認めているであろうか。

その主たる原因は、「子どもの自主性を尊重する余り、教師が指導を躊躇する」（HP十八頁）ことにあるというのが「まとめ」捉え方である。この捉え方は、教育課程審議会会長、梶田叡一氏の次のような発言によっても裏付けられる。

「『生きる力の理念の共有が十分でなかった』と指摘した。これは、国の説明を学校が十分に理解していなかった、と現場に責任を押しつけたわけではない。やはり、子どもの自主性に偏重した考え方が九十年代の文部省や教育界にはあり、それが現場に影響していたのだと思う。」

（『朝日新聞』十一月十八日十二版四面）

現行指導要領では、「生きる力」を育むために、教える教育から「自ら学ぶ」教育へと、教育の基調を転換する必要性が強調されてきた。その転換の必要性の強調は、子どもたちの主体的な学び方を確立していくために、各学校が取り組むべき中心的な課題として立てられたものだったはずである。しかし、その「自主性」の尊重が偏重となり、「教師が指導を躊躇する状況」があり、それが教育改革の進展の障害になったというのが、教育課程審議会の「共通認識」のようである。しかし、自主性の偏重とはなにを指すのか、また、なぜそれが「自ら学ぶ」教育改革の障害となったと言えるのであろうか。その説明はない。

2 「共通理解」ができなかった真因はどこにあるか

1 それでは、改革が目指してきた「自ら学ぶ」教育への転換は、なにが「自主性」の偏重となり、それがどのように改革の進展の障害になったと言えるであろうか。あえて繰り返すことになるが、「生きる力」の育成の実践が進展していくためには、「生きる力」とはなにか、それがなぜ必要かという考え方だけでなく、その実現のために、どのような教育の内容、方法、さらには「学び方」が必要かまでが、教師に共有されていなければならないはずである。しかし、これまで指摘してきたように、その実践のための「具体的な手立て」について、十分な問題提起がなされず、したがってこれまでの教育をどのように変えていくことが必要なのか、そこに向けての「共通理解」がほとんど形成されなかったことこそが、改革を進展させていく上での最大の問題であったのではないか。

「審議のまとめ」が指摘している「自主性の偏重」とは、いったいなにを指しているのであろうか。もし、その「自主性の偏重」が、「自ら学ぶ」子どもたちのたちの「学び方」に問題があったとするなら、それはきわめて的外れでしかない。「自ら学ぶ」学習活動が、ほとんど学校で、日常の授業として定着するまでに至ってはいないからである。むしろ学校教育の現実は、教える教育が中心であり、「自主性の尊重」からは程遠いのが実態だった。もし、「自主性の偏重」が、子どもたち自身が追求したい課題もないところで、形式的な発言の多寡で判断するものであれば、それは教育改革の本筋とは無縁のことであり、「自主性の偏重」として取り上げるべきものでないことは、いまさら言うまでもないことであろう。その意味で、「自主性の偏重」が改革の障害になったという「審議のまとめ」は、事実にもとづかない、単なる憶測にすぎないと考える。そのような判断からは、次期指導要領の改訂に反映すべき、なんらの知見も生まれてこないことを指摘しておきたい。

2 「審議のまとめ」は、②において確かに「自ら学び自ら考える」教育の方向性についても、その重要性に言及している。しかし、その理念の実現のためには、「日々の授業において、教師が子どもたちに教えることを抑制するよう求めるのではなく、教えて考えさせる指導を徹底し、基礎的・基本的な知識・技能の習得を図ることが重要」と、教師の指導にもっとウエイトを置く必要性を強調している。その上で「自ら学ぶ」学習が必要であるという、二段階的な教育の考え方をとっている。この考え方は、そのまま「二十年答申」に承け継がれ、指導要領の改訂にも反映されている。しかし、それではどのように「教えて考えさせる指導を徹底」するという二段階的教育方法で、改革の失敗を克服し、子どもたちの学習意欲を呼び起こし、さらには「生きる力」の育成を図っていくことができるのか、その具体的な方策についての言及はない。

「教えて考えさせる指導」も必要なこととしよう。しかし、それはそれほど簡単にできることではない。教えたことをもとにして、そこから子どもたちが「生きる力」の育成に向けて「考える」ことができるためには、そこに「考える」必要に迫られていくような課題が、教師に与えられるのではなく、子どもたち自身によって設定されなければならない。そこでの課題の設定やその課題の解決は、教師が教えた内容をはるかに超えたものへと発展していくのが、ごく普通に起こってくることである。その意味で、教えることに比べるなら、教えたことをもとにして、そこから子どもたちが「自ら課題を見つけ」、その課題を深く追求できる授業を組織していくことは、教師にとっていかに困難な、そしてまた高度な力量を必要とする仕事であるか、審議会の委員の方々や指導要領の改訂にかかわった人たちは、どれほど認識されているであろうか。

3 ③では、学校教育全体での「思考力・判断力・表現力等を育成するための各教科と総合的な学習の時間との適切な役割分担と連携」の不十分さが指摘されている。総合的な学習では、「教科等を横断した課題解決的な学習や探求活動へと発展させることが意図された」が、授業時間が削減される中で、学習活動の「指導や成績評価が難しい」こともあって、その意義が理解されず、十分に行われていないことが指摘されている。探求活動については、補注として次のような記述が加えられている。

「探求活動を行うことは、子どもの知的好奇心を刺激し、学ぶ意欲を高めたり、知識・技能を体験的に理解させたりする上で重要なことであり、自ら学び自ら考える力を高めるため、積極的に推進する必要がある。」

（ＨＰ十八頁）

探求活動については、各教科での学習としても積極的に取り組まれ、その学習を踏まえたの上で総合学習での「自ら学ぶ」学習の成果が期待されていた。しかし、各教科においても「自ら学ぶ」学習が定着していないところでは、総合学習との「役割分担と連携」が十分に行われるはずはない。実際は、時間の削減のためではなく、「審議のまとめ」も認めているように、なによりも「課題解決的な学習や探求活動」の「指導や成績評価が難しい」こと、とくに「指導」の困難さにこそ、総合学習だけでなく各教科も含めて、「自ら学ぶ」学習への取り組みが進まなかったことの、根本の原因があったと受け止めるべきではないだろうか。

4 ④では、各教科で知識を活用した学習を充実させるには、現在の必修教科の授業時数では不十分なこと、⑤では、家庭や地域の教育力の低下に対する対応が不十分だったことがあげられている。しかし、かりにそれらについての一定の対応が進められていくとしても、どのようにして子どもたちの「生きる力」を育成していくという理念の追求に結び付くのか、その教育改革の中心課題に向けての取り組みがなにかが、「審議のまとめ」からも、「二十年答申」からも、一向に見えてこないと言わざるをえない。それはそのまま、次期指導要領の改訂にも反映しているのではないだろうか。

3 教育改革の課題の再吟味の必要性

いま日本の教育が抱えている問題は、いくつもの困難な問題がからみあった形で、その改革の進展を困難なものにしている。ことに子どもたちの内面形成にかかわる学習の質の問題は、よほどていねいに検討してみないと、問題の所在が見えにくく、そこから「生きる力」を育成する教育の本質や課題はなにかを見つけ出していくことは困難である。

現行指導要領の「自ら学ぶ」教育への転換という、子どもたちの学び方の改革のねらい自体は、重要な問題提起であったと考える。しかし、その教育改革の目標は、あくまでもそれを実現していく「具体的な手立て」（HP十七頁）をともなって、目標と手段が一体のものとして実践されていくところにこそ、その意味があり、成果も期待できるはずである。「審議のまとめ」も認めているように、その実践の前提となる「共通理解」も創り出すことができず、結果として改革の目標が実現できないまま、また適切な手立てをとることもできないまま、はや七年もが経過してしまった。

その破綻の原因には、本来「生きる力」の育成という原則に立って、そこからすべての教育改革の内容、方法が導かれるべきであるはずなのに、現行指導要領の実施当初から、それとは異質な教育の考え方が挿入され、「生きる力」の育成という目標があいまいになり、実践とのずれが起こったことも大きく影響しているのではないかと考える。

文部科学省は、平成十四年一月に出した『学びのすすめ』の別紙、「学校の取り組みを支援するための国の施策」（『教職研修』二〇〇二年三月号、二十九〜三十頁）において、「各学校における発展的な学習を支援するための教師用参考資料を作成し配布する」、「教科書会社などと協力して、発展的な学習で用いる教材研究の開発、作成を進める」など、「これらの施策を着実に推進するとともに、全国的な学力調査を継続的に実施し、その状況の把握及び結果の分析を行い、今後の学習指導要領の見直しに迅速かつ適切に反映させていく方針です。」と述べている。

こうした支援体制は、一見望ましいことのように思える。しかし、この「発展学習」を中心に支援していくとする文部科学省の取り組みは、本来の教育改革のねらいである「生きる力」の育成にどのように結実していくことのできる施策として立案、実施されてきたのであろうか。ここで注意しておきたいことは、『学びのすすめ』は、指導要領の全面実施の直前になって、学力低下批判に応えるために、急遽きわめて異例な形で出されたものであり、その中心は学力低下批判をかわすことに置かれていたことである。しかも、学力低下批判に対抗して指導要領を擁護するために、これまでの答申にも指導要領にも一度も取り上げられてこなかった、「確かな学力」という言葉を新たに登場させていることである。

『学びのすすめ』で初めて提起された「確かな学力」は、平成十五年十月に出された中央教育審議会の答申にも受け継がれ、「『生きる力』を知の側面からとらえた『確かな学力』の確実な育成」を、「当面取り組むべき課題」であると強調している。そしてさらに、「確かな学力」育成には、「子どもの実態や指導内容に応じて、『わかる授業』を行い、子どもたちの学習意欲を高めることが、『確かな学力』をはぐくむ上でもとりわけ重要な視点」であると述べている（工藤文三他編『ポイント解説学習指導要領　総則改正・中教審答申』ぎょうせい、一六二〜一六三頁）。

この「わかる授業」と「確かな学力」という言葉を登場させたことによって、「生きる力」の育成に向けての教育改革のねらいが、またそれにともなって「自ら学ぶ」教育改革への取り組みがどのように明確になり、進展する契機になりえたであろうか。

そもそも、「生きる力」の育成という教育改革の目標は、「わかる授業」に置き換えることができるものであろうか。「わかる授業」は、「自ら学ぶ」学び方を必ずしも必要としない。教えること中心の授業でも十分に可能である。「自ら学ぶ」学び方が不可欠なものと考えたのは、子どもたちが「自ら学び自ら考える」学習を通して、自らの力で内面を豊かに耕していくことなくしては、「生きる力」を育成することができないと考えたからではなかったか。

「わかる授業」も「確かな学力」も、それを否定する必要はない。しかし、それは子どもたちの内面からの「生きる力」の育成を目指して、教育の基調を転換する必要を強調してきた現行指導要領の改革の原則とは、明らかに異質な教育の考え方ではないだろうか。その異質な考え方が、十五年の部分改訂で改革の前面に押し出された結果、「生きる力」の育成とかわって代わって、「わかる授業」「確かな学力」に改革の主題が移ってしまったことに注目したい。

平成十五年の中央教育審議会の答申を承けて、部分改訂された学習指導要領では、「はどめ規定」を外し、発展的な学習ができるような改訂が行われている。「答申」では、「指導要領の更なる定着を進め、それのねらいのいっそうの実現を図る」としながらも、「わかる授業」と「確かな学力」とを新たに持ち出すことによって、「生きる力」の育成を「自ら学ぶ」学び方中心に据えてきた改革の原則を、いっそう焦点の定まらないものにし、各学校での改革への取り組みを、さらに混乱させるだけに終わってしまった。

その意味で、平成十五年の学習指導要領の部分改訂の段階において、「生きる力の育成」という教育改革の中心理念が、その「共通理解」の形成以前に、改革の目標としての焦点からはずれつつあり、その時点ですでに破産せざるをえない要因を内在させていたとも言えるのではないだろうか。

4 「生きる力」を育成する改革をどう貫き通すか

教えられたことを「覚える」学習とは違って、子どもたちが自分でぜひ解き明かしたい「課題を見つけ」、「自ら学び自ら考える」学習を通して、その課題解決に主体的に取り組んでいくとき、子どもたちはさまざまな困難に直面していかなければならない。課題解決に必要な情報や知識を欠くときは、それを新たに獲得しなければならないし、いままでのような考え方で解決ができないときは、考え方そのものを変えなければならない場面にも立たされていく。どうしたら課題の解決ができるか、また追求の結果、どこまで確かな解決にたどり着くことができているか、それを自分自身で考え、確かめ、さらにそれがどこまで納得できるものか、自分自身に問いかけ、じっくりと吟味してみなければならない。納得ができなければ、どこに不十分さがあるかを探し出して、新たな解決のための策を考えなければならない。そこでは、子どもたちは、たえず自分の学び方や判断が適切かどうか、自己吟味し続けていかなければならない。

子どもたちが、そうした「自ら学ぶ」学び方を自分のものにしていくためには、教師の適切な援助が不可欠であるが、そのような学び方を通してこそ、内面からの「生きる力」を確かなものにしていくことができると考える。「自ら学ぶ」学び方をそのように考えるなら、いかに困難であるとしても、教えること中心の教育から、「自ら学ぶ」教育への「教育の基調の転換」を目指して現行指導要領が掲げてきた本来の改革のねらいを放棄したり、あいまいにしたりすることは許されないはずである。

あくまでも「生きる力」の育成という改革の本旨に立ち戻って、それを貫き通すこと、それ以外の選択の余地はないというべきではないだろうか。

OECD諸国は、PISA調査（国際学習到達度調査）を手掛かりとして、子どもたちの未来に生きる力の形成を、「課題解決能力の形成」に中心を置いて、教育改革のあり方を追求し続けている。日本の教育は、たとえば『読解力向上プログラム』に見るように、PISAの考え方に追随するだけでなく、日本独自の教育課題を明確にし、それを追求していくことが、いまなによりも必要なことではないかと考える。その意味で、「生きる力」の育成という現行指導要領が提示した教育の課題は、たとえ失敗したとしても、子どもたちの内面からの成長という課題に向けて、何度でも新たな可能性に挑戦すべき価値のある課題だと考える。その課題の追求は、教えること中心の教育ではけっして期待しえない、子どもたち一人ひとりが、自分自身の可能性に挑戦していくことのできる、貴重な学習の機会となると考えるからである。

しかし、いま、「生きる力」の育成に向けて取り組むべき教育改革の課題が、指導要領が改訂されたにもかかわらず、ますます不明確なものになってしまっている。このままでは、子どもたちがこれまで以上に、学習に意欲を失い、学ぶことに充実感を味わっていくことが困難になっていくことが予想される。子どもたちの未来に希望を持つことができない、この教育の閉塞状況を考えるとき、あらためて子どもたちが心から学びたいと願っているものはなにかを確かめ、それに応えることのできる、真の意味で「生きる力」が育つ学校創りの必要性を痛感せざるをえない。そうした多くの人たちの教育への熱い思いが、教師たちとともに自主的な国民運動として、新たな「学校創り」に反映されていくことを心より期待したい。

参考文献

第１章
小田英智『タンポポ観察事典』（偕成社、平成８年５月）
『図解がんと免疫』（『ニュートン別冊』ニュートンプレス、平成13年６月）
武田忠『学ぶ力をうばう教育』（新曜社、平成10年11月）
武田忠『自ら考える授業への変革』（学陽書房、平成13年８月）
武田忠・鈴木博詞編著『読解力と表現力をのばす授業』（日本標準、平成18年12月）

第２章
『岩波　古語辞典（補訂版）』（岩波書店、平成２年２月）
白川静『字統』（平凡社、昭和59年８月）
吉田金彦『日本語語源学の方法』（大修館書店、昭和51年12月）

第４章
安藤更生『鑑真』（吉川弘文館、昭和42年10月）
馬場悠男『ホモ・サピエンスはどこから来たか』（河出書房新社、平成12年８月）
三井誠『人類進化の700万年』（講談社現代新書、平成17年９月）
デビッド・ランバート編『図説　人類の進化』（平凡社、平成５年８月）
Ｒ．ルーウィン『ここまでわかった人類の起源と進化』（てらぺいあ、平成２年１月）

第５章
ＮＨＫ取材班編『驚異の小宇宙・人体　生命誕生』（日本放送出版協会、

平成元年４月）
ＮＨＫ取材班編『驚異の小宇宙・人体　消化吸収の妙——胃・腸』（日本放送出版協会、平成元年６月）
藤田恒夫『腸は考える』（岩波新書、平成３年10月）

第６章

安藤更生『鑑真』（吉川弘文館、昭和42年10月）
香取忠彦『奈良の大仏』（草思社、昭和56年４月）
加古里子『ならの大仏さま』（福音館書店、昭和60年３月）
『東征伝絵巻』（『日本の絵巻15』中央公論社、昭和63年６月）
中村修也編著『続日本紀の世界』（思文閣出版、平成11年６月）

第７章

アリス・ミラー『魂の殺人』（新曜社、昭和58年７月）
アーロン・アントノフスキー『健康の謎を解く』（有信堂高文社、平成13年４月）
ジュディス・Ｌ・ハーマン『心的外傷と回復』（みすず書房、平成８年11月）
野口三千三『野口体操・おもさに貞《き》く』（柏樹社、昭和54年２月）
羽鳥操『野口体操　感覚こそ力』（春秋社、平成14年９月）
森田ゆり『エンパワメントと人権』（解放出版社、平成10年４月）

終章

遠山敦子『こう変わる学校　こう変わる大学』（講談社、平成16年３月）
『読解力向上に関する指導資料』（文部科学省、平成17年12月）
『確かな学力の向上のための2002アピール「学びのすすめ」』（文部科学省、平成14年１月）

著者紹介

武田　忠（たけだ　ただし）
1936年、秋田県生まれ
1958年、東北大学教育学部卒業。
1965年、東北大学大学院文学研究科博士課程（宗教学専攻）中退
1977年、６カ月間青森県上北郡七戸町立城南小学校に内地留学。
1988～91年、青森県十和田市立三本木小学校、
2002～2005年、京都市立明徳小学校、
2004～2006年、京都市立紫野小学校と授業の共同研究
現在、宮城教育大学名誉教授

著書
『私の小学校留学記』（NHKブックス）、
『授業を成立させるもの』（国土社）、
『教師が変わるとき・授業が変わるとき』（評論社）、
『学ぶ力をうばう教育』（新曜社）、
『自ら考える授業への変革』（学陽書房）、
『読解力と表現力をのばす授業』（日本標準）ほか

人間開発教育研究センター（センター長　武田　忠）
〒604－8277　京都市中京区三坊西洞院町　563－203
TEL・FAX　075－255－6151
メールアドレス　s.hiroshi@blue.plala.or.jp

新曜社
「生きる力」を育む授業
いま、教育改革に問われるもの

初版第１刷発行　2008年10月１日©

著　者　武田　忠
発行者　塩浦　暲
発行所　株式会社新曜社

〒101-0051　東京都千代田区神田神保町２-10
電話（03）3264-4973・Fax（03）3239-2958
E-mail : info@shin-yo-sha.co.jp
URL http : //www.shin-yo-sha.co.jp/

印刷　三協印刷　Printed in Japan
製本　イマヰ製本
ISBN978-4-7885-1131-6　C1037